SOFRIMENTO
HUMANO E
CUIDADO
TERAPÊUTICO

SOFRIMENTO HUMANO E CUIDADO TERAPÊUTICO

Claudia Lins Cardoso (Org.)
José Paulo Giovanetti (Org.)
Jorge Ponciano Ribeiro
Maria Alice Queiroz de Brito (Lika Queiroz)
Maria Madalena Magnabosco
Paulo Eduardo Rodrigues Alves Evangelista
Saleth Salles Horta

Coleção Fenomenologia e Psicologia Clínica

Sofrimento humano e cuidado terapêutico
Copyright © 2019 Artesã Editora
1ª edição - 1ª reimpressão - dezembro de 2022
É proibida a reprodução total ou parcial desta publicação,
para qualquer finalidade, sem autorização por escrito dos editores.
Todos os direitos desta edição são reservados à Artesã Editora.

DIRETOR
Alcebino Santana

COORDENAÇÃO EDITORIAL
Michelle Guimarães El Aouar

REVISÃO
Giovanna M. Hailer Felipe

CAPA
Karol Oliveira

PROJETO GRÁFICO E DIAGRAMAÇÃO
Conrado Esteves

Sofrimento humano e cuidado terapêutico / organizadores: Claudia Lins Cardoso , José Paulo Giovanetti . – Belo Horizonte : Artesã Editora, 2019.

192 p. ; 21 cm.

978-85-7074-027-4

1. Psicologia clínica. 2. Gestalt-terapia. 3. Psicologia existencial. I. Cardoso, Claudia Lins. II. Giovanetti, José Paulo.

IMPRESSO NO BRASIL
Printed in Brazil

📞 (31)2511-2040   🟢 (31)99403-2227
🌐 www.artesaeditora.com.br
📍 Rua Rio Pomba 455, Carlos Prates - Cep: 30720-290 I Belo Horizonte - MG
📷 📘 /artesaeditora

Sumário

Apresentação..7

1. O incontornável do humano: as terapias existenciais
de Emmy van Deurzen e Alice Holzhey-Kunz.................11
Paulo Eduardo Rodrigues Alves Evangelista

2. O adoecimento existencial no século XXI....................47
José Paulo Giovanetti

3. Sobre as dores de existir: uma introdução
à psicopatologia em Gestalt-terapia.................................75
Claudia Lins Cardoso

4. Sofrimento humano e o cuidado terapêutico.............111
Jorge Ponciano Ribeiro

5. Um olhar da gestalt-terapia em intervenções
de situações de emergência e desastre............................129
Maria Alice Queiroz de Brito (Lika Queiroz)

6. O adoecimento psíquico: o olhar clínico
sobre a adolescência e outras fases de vida....................149
Saleth Salles Horta

7. Sofrimento humano e cuidados terapêuticos:
a corporeidade vivida em situações de perda
de filhos: a negação da dor..169
Maria Madalena Magnabosco

Os autores..187

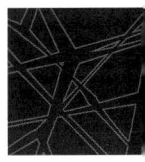

Apresentação

Em 2018, iniciamos uma publicação de textos produzidos pelos professores do Curso de Especialização em Psicologia Clínica: Gestalt-terapia e Análise Existencial, oferecido pelo Departamento de Psicologia da Faculdade de Filosofia e Ciências Humanas da Universidade Federal de Minas Gerais. Essa série de textos sedimenta o início de um projeto do mesmo curso, em parceria com a editora Artesã, cujo objetivo é oferecer uma coleção intitulada *Fenomenologia e Psicologia Clínica* ao público da terceira força da Psicologia.

Este novo livro, o segundo da coleção, conta com textos de alguns dos professores do curso e também de professores convidados, palestrantes do II Congresso Mineiro de Gestalt-terapia, organizado pela direção do Curso de Especialização. Esse volume é constituído por textos que abordam aspectos teóricos e práticos da Gestalt-terapia e da Análise Existencial, ambas fundamentadas na perspectiva da Fenomenologia.

O primeiro capítulo, de autoria do Prof. Dr. Paulo Eduardo Rodrigues Alves Evangelista, *O incontornável do humano: as terapias existenciais de Emmy van Deurzen e Alice Holzhey-Kunz,* apresenta, de forma clara, os fundamentos antropológicos das duas abordagens da análise existencial. Assim, o autor se debruça sobre a antropologia existencial da escola britânica de Análise Existencial e da abordagem daseinsanlítica desenvolvida pela escola austríaca, apresentando as principais ideias destas duas autoras de grande envergadura filosófica, com impactos significativos na clínica psicológica.

O segundo capítulo, do Prof. Dr. José Paulo Giovanetti, *O adoecimento existencial no século XXI*, procura mapear o horizonte da sociedade contemporânea, apresentando o impacto do modo de viver do homem atual na sua estrutura antropológica, ou seja, onde, de forma mais intensa e significativa, esse contexto incide na subjetividade do ser humano. A organização da vida quotidiana sofrerá as consequências desse impacto. O autor reflete mais detalhadamente sobre as formas de desorganização na vida interna das pessoas, as quais vivem em uma sociedade cada vez mais globalizada.

O capítulo seguinte, da Profª Drª Claudia Lins Cardoso, *Sobre as dores do existir: a psicopatologia à luz da Gestalt-terapia*, traz uma reflexão a respeito das dificuldades do existir, destacando a compreensão da Gestalt acerca do psicodiagnóstico e da psicopatologia, especialmente no que tange aos sofrimentos psicóticos, neuróticos e *boderlines* e à especificidade do tratamento de cada um desses sofrimentos.

O texto do Prof. Jorge Ribeiro Ponciano, *Sofrimento humano e o cuidado terapêutico*, discorre sobre a importância da presença do outro na vida humana, destacando a existência do psicoterapeuta na vivência do ciclo do Contato entre a dor do Outro e o cuidar. Reflete, ainda, acerca da importância de o psicoterapeuta, sendo um cuidador, estar conectado consigo mesmo para o cuidado do outro.

O quinto capítulo, o qual apresenta a reflexão da Profª Ms. Maria Alice (Lika) Queiroz de Brito, intitulado *Um olhar da Gestalt-terapia em intervenções de situações de emergência e desastre*, discorre sobre o atendimento em situações extremas e de eventos traumáticos e emergenciais na perspectiva da Gestalt-terapia. A autora aborda também as peculiaridades do trabalho clínico do gestalt-terapeuta nos contextos de emergências e desastres, campo relativamente novo na Psicologia. O texto trabalha tanto o atendimento às pessoas que sofrem o desastre, quanto aos familiares envolvidos.

O penúltimo capítulo, de autoria da Prof[a] Saleth Salles Horta, *O adoecimento psíquico: o olhar clínico dobre a adolescência e outras fases da vida*, traz uma bela contribuição sobre um dos problemas atuais do homem contemporâneo: o uso desenfreado da Internet, o qual gera um adoecimento psíquico. A autora chama atenção, principalmente, para o adoecimento dos adolescentes, apresentando o desafio de conseguirmos distinguir o que é um comportamento "patológico" e o que é consequência das vivências existenciais.

Fechando o volume, o capítulo *A corporeidade vivida em situações de perda de filhos: a negação da dor*, da Prof[a] Dr[a] Maria Madalena Magnabosco, destaca a dor de mulheres com a perda de filhos na submissão ao tratamento de fertilização *in vitro* e no processo gestacional. A reorganização dessas mulheres se dará pelo acolhimento da dor por meio do terapeuta, no sentido de que ele irá ajudá-las a significar e ressignificar a referida dor.

Por fim, dedicamos este livro a todos aqueles que se engajam em um trabalho clínico, procurando levar um alívio ao sofrimento humano por meio do seu cuidado terapêutico, dentro de uma sociedade cada vez mais desumana. Desejamos aos futuros leitores uma proveitosa caminhada, proveniente do contato com os textos.

Boa leitura!

Claudia Lins Cardoso
José Paulo Giovanetti

O incontornável do humano: as terapias existenciais de Emmy van Deurzen e Alice Holzhey-Kunz

Paulo Eduardo Rodrigues Alves Evangelista

Num ensaio em 1954, Heidegger acompanha a transformação do espanto em relação a que há ente, e não nada, em asseguramento da realidade pela ciência positiva. A certificação do real se dá pela ocultação de que a ciência tem limites. Com a Psicologia não é diferente. Na época, a psiquiatra avançava na determinação do ser do humano, levando a crer que em breve o teria explicitado de maneira tão radical que seria possível controlar seus sentimentos e comportamentos e até produzir novos seres humanos. Mas o humano permanecia – e permaneceria – o incontornável da psiquiatria. Cito o filósofo:

> A psiquiatria trata da vida mental do homem em suas manifestações da doença, o que inclui sempre as manifestações da saúde. E as representa pela e a partir da objetidade da integração de corpo, alma, mente e espírito, constitutiva de todo homem. Na objetidade da psiquiatria, o modo já vigente de o homem ser apresenta-se e expõe-se cada vez. Este modo de ser, a ex-sistência do homem,

como homem, permanece sempre o incontornável da psiquiatria.[1]

Passadas seis décadas desse diagnóstico, e tendo as ciências médicas avançada espetacularmente, o humano lhes continua um mistério. Da Psicologia pode-se dizer o mesmo: por mais que proponham modelos explicativos sobre o humano, algo sempre escapa e dá margem para novos modelos, a saber, o humano. A existência não pode ser contornada e revela-se cada vez novamente enigmática.

Como ficam as psicologias que se propõem a considerar as indicações de Heidegger sobre a existência? As abordagens psicológicas chamadas de existenciais levam em consideração a advertência de Heidegger e se esforçam para abarcar o humano, em vez de contorná-lo.

Este ensaio tem por objetivo aproximar duas abordagens terapêuticas existenciais que, cada uma a seu modo, tentarão permanecer o mais próximas o possível do humano, sem tentar contorná-lo por modelos teóricos. São elas a Terapia Existencial, de Emmy van Deurzen, e a Daseinsanalyse, de Alice Holzhey-Kunz.

A sistematização epistemológica proposta por Giovanetti, que analisa as abordagens terapêuticas de acordo com quatro elementos estruturantes, orienta esta apresentação. Esses elementos são: 1) os fundamentos filosóficos, que fornecem determinações do ser da realidade e concepção de homem; 2) os fundamentos psicológicos, que fornecem uma teoria da personalidade, uma teoria do desenvolvimento e uma psicopatologia; 3) a teoria do sistema, que trata do contexto geral da terapia, sua intenção, sua dinâmica, seu processo e a relação; 4) a teoria da prática, que discute

---

[1] HEIDEGGER, "Ciência e Pensamento do Sentido", p. 54.

aspectos do manejo clínico. A representação gráfica é de uma casa, na qual os fundamentos filosóficos (1) são os alicerces, os fundamentos psicológicos (2), os pilotis, a teoria de sistema (3), as paredes da casa e a teoria da prática (4) seu telhado.[2]

Neste estudo, reconstruo as propostas de duas teóricas da existência: Emmy van Deurzen e Alice Holzhey-Kunz.

Os limites deste ensaio não permitem que me aprofunde nos quatro elementos estruturantes, de modo que focarei nos fundamentos filosóficos (1) e psicológicos (2) e mencionarei a prática clínica (3) e (4) apenas.

A primeira parte apresentará a Terapia Existencial de Emmy van Deurzen, nascida em 1951, na Holanda. Ela fez mestrado na França, sob orientação de Michel Henry, e teve nesse mesmo país sua formação em psicoterapia, na Universidade de Bordeaux. Migrou-se para o Reino Unido, em 1977, onde estudou e, posteriormente, lecionou na Antioch University International e, em seguida, no Regent´s College. Nesse país, ela teve contato próximo com o psiquiatra R. D. Laing. Em 1996, Emmy fundou a *New School of Psychotherapy and Counselling*, escola de formação de terapeutas existenciais[3] e, em 1998, a *Society for Existential Analysis*, a qual publica regularmente o periódico *Existential Analysis*. promovendo o paradigma existencial na prática psicológica no Reino Unido.[4] É autora de vários livros sobre terapia e

---

[2] GIOVANETTI, *Psicoterapia Antropológica*.

[3] No Reino Unido, a formação em *counseling* (aconselhamento) e psicoterapia compreende aulas teóricas e prática supervisionadas por um período em torno de 4 anos, fornecidas por centros como o de van Deurzen. O psicoterapeuta assim formado está habilitado a atender em consultório particular, hospitais, escolas, clínicas, etc.

[4] VAN DEURZEN. Disponível em: <http://www.emmyvandeurzen.com/>.

aconselhamento na abordagem existencial traduzidos para várias línguas, mas não para o português.

A segunda teórica da existência abordada aqui é Alice Holzhey-Kunz, daseinsanalista suíça. Nascida em 1943, formou-se psicoterapeuta, em 1976, no Instituto Daseinsanalítico para Psicoterapia e Psicossomática, fundado por Medard Boss, com quem teve intenso contato. Ainda hoje, coordena os Seminários Daseinsanalíticos de Zurique, é presidente da Sociedade para Antropologia Hermenêutica e Daseinsanálise e coeditora das Obras Completas de Binswanger.

Justifica-se esta breve introdução ao pensamento das autoras por o estudante brasileiro ainda encontrar muita dificuldade para estudar a análise existencial e a Daseinsanalyse. Nenhum dos livros de Emmy van Deurzen foi traduzido para a língua portuguesa e, a única tradução disponível de Alice Holzhey-Kunz, é a do livro *Daseinsanalyse*, realizada recentemente quando da primeira visita da autora ao Brasil[5].

A Antropologia Existencial de Emmy van Deurzen

A antropologia existencial de Emmy van Deurzen descreve quatro dimensões da vida, configurando o ser humano como um "organismo bio-socio-psico-espiritual"[6]. Assim, as dimensões são: 1) a física (bio); 2) a social (sócio); 3) a pessoal (psico) e 4) a espiritual. Elas se desenvolvem à medida que o existente se relaciona com os outros e com seu

---

[5] Alice Holzhey-Kunz participou do I Congresso Internacional de Psicologia Hermenêutica e Fenomenológica: Existência e Sofrimento, no Rio de Janeiro, de 17 a 20 de abril.

[6] VAN DEURZEN, Emmy. *Everyday Misteries – A Handbook of Existential Psychotherapy*. 2ª ed. London / New York: Routledge Taylor & Francis Group, 2010, p.131.

meio ambiente, num processo de assimilação e acomodação, provocador de desequilíbrio e reequilíbrio (como descrito por Piaget) na direção da formação de um si mesmo cada vez mais complexo e aberto à transcendência. A terapeuta se refere as quatro dimensões como "dados (*givens*) ontológicos da existência humana"[7]. Esta condição humana dada (*given*), entregue, é, a meu ver, o modo como a autora tenta abarcar o incontornável do existir nesta Terapia Existencial. Cada dimensão é descrita como espectro entre dois polos que tencionam a existência. A vida humana acontece nessa tensão e por ela. Mas temos a tendência de nos acomodar num dos polos por encontrarmos nele familiaridade e segurança. A permanência num dos polos é, pois, abalada por "mecanismos de equilíbrio"[8] da vida, que impulsionam ao lado oposto. Isto é, enquanto apenas um dos polos está sendo vivido, o outro cobra presença. Os sintomas que motivam a procura por terapia podem ser interpretados como compensatórios, portanto. Contudo, não é só na forma de sintomas que o reequilíbrio se dá; a necessidade de paz e silêncio após um encontro agitado e barulhento ou a necessidade de descansar após esforço físico são modos de compensar e restabelecer equilíbrio. Cada dimensão existencial traz suas tensões, seus conflitos, paradoxos e desafios, ou seja, as dores e delícias que movimentam o existir. Como afirma a autora, "Sem esta tensão que nos envolve em ambições e desesperos contínuos, constantes altos e baixos, não haveria sequer existência humana"[9].

Guias das ações e atitudes são os valores. Eles estabelecem as valências positiva e negativa das situações

---

[7] Ibidem, p.135.
[8] Ibidem, p.138.
[9] Ibidem, p.137.

da vida, o valor das coisas, dos outros, etc. Quanto mais valioso algo ou alguém é, mais se está disposto a abrir mão de outras coisas.

Dificuldades para assumir a condição paradoxal e inerentemente conflituosa da existência são a razão de muitas formas de sofrimento. A terapia existencial objetiva aproximar dessa condição e não eliminar os conflitos, mesmo porque isso é impossível. Eles são dados constitutivos da existência e, como já mencionado, movimentam o existir. Assim, conclui van Deurzen, que o sentido da terapia existencial e da vida coincidem:

> Trabalhar com estes opostos significa ajudá-los [os clientes] a encarar as realidades da vida e explorá-los [os opostos] ao invés de fugir deles amedrontados ou de fingir que podem ter somente os positivos, sem os negativos. O objetivo último é gerar alguns valores intermediários que possibilitem à pessoa guiar-se num caminho razoavelmente reto pela vida e que possa dar-lhe algo em que se segurar quando eles estiverem vacilantes ou falhando.[10]

Adiante, ela sintetiza que uma "atitude flexível"[11] é a maneira mais efetiva de transitar pelos polos e dimensões existenciais.

Como já indicado anteriormente, van Deurzen apresenta quatro dimensões existenciais: a física, a social, a psicológica e a espiritual. Vincula-as as noções tradicionais da Fenomenologia e Psicologia Fenomenológica: *Umwelt* (mundo ao redor), *Mitwelt* (mundo compartilhado), *Eigenwelt* (mundo próprio) e Überwelt (super-mundo).

---

[10] Ibidem, p. 142.
[11] Ibidem, p. 143.

A Dimensão Física (*Umwelt*)

A primeira dimensão é a física, que implica ser um corpo biológico em relação com o mundo ao redor (*Umwelt*). É da condição humana ser um organismo vivo motivado a sobreviver e reproduzir, aberto ao mundo ao redor por órgãos de sentido, interagindo com ele pela ação. O corpo humano é biológico, químico, genético e hormonal, dotado de órgãos de sentido e habilidades motoras, por quais se interage com o ambiente. "A dimensão física é a base de toda vida tal como a conhecemos e seus parâmetros determinam nosso ser no mundo"[12].

A autora demonstra a animalidade da existência recorrendo às descrições da Biologia sobre a concepção e o nascimento, sublinhando o caráter físico, orgânico e biológico do feto e dos estágios iniciais do bebê, cuja dependência de cuidados se mantém inicialmente "quase exclusivamente no âmbito físico"[13]. O relacionamento afetivo mãe-bebê acontece nos estágios primevos, como cuidados com calor, colo, alimentação, higiene, ou seja, físico-corpóreo, os quais exigem da mãe uma entrega à fisicalidade, "ao nível animal"[14] do existir maternal.[15] Para esta terapeuta, o caráter animal da existência do bebê ilustra a dimensão terrena, biológica,

---

[12] Ibidem, p. 146.
[13] Ibidem, p. 144.
[14] Ibidem, p. 146.
[15] Para Van Deurzen (2010), mães ocidentais encontram muita dificuldade em abandonar a racionalidade e os saberes psicológicos para se entregarem à sensualidade física convocada pelo bebê. Assim, elas ficam ansiosas quando falham no encaixe do bebê com a nova vida em suas noções preconcebidas da maternidade ideal.

determinante do humano – que ela chama de "animal humano"[16] – do princípio ao fim. Da animalidade do bebê vai surgindo uma pessoa que caminha na direção da autonomia. A independência vai acontecendo primeiro no corpo físico, como capacidade de segurar a cabeça, ficar sentado, andar, etc. Mas mesmo quando crescem, "algumas pessoas continuam a se apoiar nos outros para algumas destas funções de sobrevivência básicas e esta dependência é frequentemente a raiz de problemas existenciais posteriores."[17]

Considerando a morte como característica de todo ser vivo e, portanto, o fim da existência como um fato dado (*given*), a autora propõe que "a vida nada mais é que o evento de ser criado e lentamente destruído novamente"[18]. Nesse ínterim, o mistério da morte revela a fragilidade humana e convoca uma atitude de humildade. van Deurzen funda, assim, na dimensão física (*Umwelt*) da existência nossa preocupação última com a sobrevivência.

A tecnologia distanciou o "animal humano" da natureza biológica marcada pela luta por sobrevivência e reprodução, mas, como já indicado, ela permanece como base da existência. A aquisição de riqueza e valorização da saúde são modos contemporâneos de autopreservação, remetendo igualmente à dimensão física. Mas este sentido fundamental pode ficar encoberto pela inércia acumulativa de ter mais e mais. A tecnologia voltada para a transformação do corpo físico, seja no que tange à capacidade de ampliar a longevidade da vida, seja na transformação estética, também oculta

---

[16] Ibidem, p.148.
[17] Ibidem, p.150.
[18] Ibidem, p.147.

a dimensão física do animal humano. Para a terapeuta, a manipulação estética do corpo está muito frequentemente a serviço de transformar a pessoa em outrem, distanciando-a ainda mais de quem ela realmente é. A tecnologia médica a favor da prolongação da vida biológica – negando a mortalidade que lhe é própria – pode esbarrar no aumento de sofrimento (tantas vezes desnecessário) no final da vida. A dimensão física indica a sobrevivência como direção, e seu oposto, a extinção, como ameaça constante. Ou seja, polarizam-se vida e morte, exigindo que a existência interaja com o meio ao redor e com os outros para se preservar. Inclui-se nas formas de preservação da vida a reprodução. A necessidade de cuidar-se fisicamente – saciar fome e sede – é premissa básica do ciclo vital humano e não pode ser eliminada; pelo contrário, precisa ser seriamente considerada.

Do ponto de vista fisiológico, fome e sede geram incômodos e dores, mobilizando o organismo a trabalhar para eliminá-los, a produzir prazer e sensação de plenitude em seu lugar. O prazer estava evolutivamente associado ao esforço e ao trabalho, explica a autora. A cultura contemporânea inverteu esse ciclo natural e o prazer e o lazer estão, hoje, vinculados ao consumo e ao lazer, dificultando o reconhecimento do trabalho como prazeroso e, principalmente, como realização do instintivo de autopreservação. "Nossos instintos de caçar e coletar hoje em dia estão melhor expressos em buscas por lazer, como pesca, jardinagem, vaguear e em vários esportes como golfe, correr, nadar e andar a cavalo."[19] A dimensão física e instintiva do animal humano está oculta pelos modos de vida atuais. O trabalho para muitas pessoas não é vivido como meio de saciar suas necessidades, estando,

[19] Ibidem, p.152.

portanto, vinculado ao prazer, mas, outrossim, como fonte de sofrimento e obstáculo a ele. Tenta-se extirpar a morte da vida. A morte é o lembrete essencial da vida. Somente quando a encaramos honestamente conseguimos tomar com seriedade nosso tempo neste planeta e aproveitá-lo ao máximo. Somente quando temos consciência de nossa fragilidade e mortalidade somos capazes de saborear a vida que temos.[20]

Por considerar a dimensão natural do existir, a autora defende a importância dos seus determinantes biológicos. Genes e hormônios são condicionantes de todo comportamento. Energias, campos energéticos e seus padrões de atração e repulsa também nele influem. Isso não significa que possam ser tomados como únicos determinantes, pois há aspectos culturais, contextuais e interpessoais, e as expectativas e os projetos também devem ser considerados. Todas são influências e nenhuma pode ser considerada determinante exclusiva da ação humana. A existência é, em última instância, livre. "[o] resultado final de nossas ações é frequentemente imprevisível"[21].

Na prática clínica, torna-se necessário atentar para como se experimenta o corpo, quais são e como se responde às demandas que ser corpo traz, como está acontecendo a autonomia física, como está funcionando o corpo e como estamos cuidando dele. Sendo o corpo o meio de ação no mundo e de relação com outros, deve-se olhar para como essas relações estão acontecendo. Como usar os cinco sentidos? Quais predominam, quais são negligenciados? Van

20 Ibidem, p.153.
21 Ibidem, p.133.

Deurzen indica que se preste atenção também ao mundo ao redor, isto é, como são as condições materiais e como elas são experimentadas. Como está a pessoa vivenciando sua sexualidade, dado que ela está implicada no ser corpo físico e é um modo de relacionar-se corporalmente com os outros. Sendo organismo, a procriação também se apresenta como questão existencial e necessita de atenção.

Dimensão social (*MItwelt*)

A segunda dimensão existencial é a social. A terapeuta se refere a ela como dimensão do *Mitwelt* (mundo com ou compartilhado). Ela explica que, desde o início da vida, o humano se relaciona com outros. "Ser com outros é co-constitucional"[22] da existência, conforme a analítica existencial de Heidegger. Van Deurzen indica também que o modo como se age em relação aos outros corresponde a como se age em relação a si mesmo; "... o que fazemos a eles [outros], também fazemos a nós mesmos."[23] A antropologia existencialista sartriana sustenta esta premissa da terapeuta; como afirma o filósofo francês, ao escolher-se, a existência escolhe a humanidade. Também deste filósofo, ela retira os extremos polares competição e cooperação, que delimitam o espectro das relações interpessoais.

A existência acontece em relação desde o início orgânico. O feto é gerado e gestado por e com outros. Nascido, o bebê depende de adultos para sobreviver. Aos poucos, ele aprende a dividi-los em bons e maus e, à medida que amadurece, vai descobrindo a complexidade das relações.

22 Ibidem, p.160.
23 Ibidem, p.160.

Van Deurzen atribui a valoração bom-mau ao instinto animal de sobrevivência; é necessário discriminar quem ameaça e em quem se pode confiar. Logo surgem as relações de poder – submissão e dominação – no trato com os outros. O desenvolvimento posterior leva a tato e diplomacia. As descrições de Melanie Klein sobre relação com o outro odiado e amado figuram como subsídios desta compreensão do desenvolvimento relacional humano da terapeuta existencial. Com a sofisticação das relações sociais vem a capacidade de categorização e hierarquização dos outros em parecidos e distintos, mais velhos, mais jovens, da mesma geração, etc. Modos de submeter-se e dominar sustentam as relações que compõem o mundo relacional da existência. Quanto mais e com mais diversidade a pessoa se relaciona, mais flexível se torna e maior fica sua capacidade de compreensão do humano. "Quanto mais estreito o círculo de relações de uma pessoa, mais difícil é para ela ter uma atitude aberta aos outros."[24]

A luta por sobrevivência dos organismos também se dá como luta por território. Coexistir é, portanto, lidar com disputa de espaço ou com seu compartilhamento.

A terapeuta existencial valoriza a relação com antepassados e ressente-se do descuido ocidental com as heranças familiares. A família nuclear é uma base segura a partir da qual o jovem pode lançar-se no mundo, mas pode ser um impedimento, caso não seja aberta a outros ao redor. As vivências relacionais familiares preparam para as posteriores. "O que se aprende [no lar] torna-se a fundação a partir da qual as relações posteriores se desenvolvem."[25]

---

[24] Ibidem, p.157.
[25] Ibidem, p.159.

A família ampla (avós, tios, primos) é, por si só, uma abertura para grupos diversos. Sem ela, fechada no grupo nuclear, a existência não tem a experiência de se sentir pertencente a uma comunidade e de compartilhar uma história coletiva. Os antepassados, que poderiam ser modelos para os contemporâneos, são esquecidos, e restam poucos heróis em quem se inspirar. Ao encurtar as raízes, perde-se a visão. Quem não tem história, fica limitado na capacidade de se projetar. A terapeuta vê no desprezo contemporâneo ocidental pela história familiar e comunitária uma perda significativa, pois o senso de afiliação e a riqueza de modelos são necessários para a construção de um si mesmo singular autônomo.

As relações intersubjetivas primeiras preparam o caminho das seguintes. A busca por relacionamentos amorosos são um modo de procura de união com outros. À luz da dimensão animal do humano, seu fundamento é o instinto de sobrevivência e reprodução. As relações amorosas podem acontecer como uma variedade de modos, articulando dominação, submissão, entrega, apoio, evitação, destruição do outro, etc. e com ampla gama de sentimentos. Em suma, "A maneira como vivenciamos os paradoxos de proximidade e distância, dominação e submissão, união e isolamento cria um mundo particular."[26] Estas são as tensões do *Mitwelt* que movimentam a existência.

A dimensão relacional do existir convoca na terapia uma atenção para quem são os outros e como se relacionar com eles. Como se experimenta o amor, o ser cuidado, o cuidar? Como foram e são as relações com irmãos, com os antepassados, com os pais e com os filhos? Como se lida

---

[26] Ibidem, p.160.

com lealdade, compromisso, amizade, disputas e competição? Para abarcar o *Mitwelt*, faz-se mister uma consideração do contexto cultural e histórico no qual se nasce e cresce. Por fim, atenção especial deve ser dada à linguagem e à comunicação, pois é como predominantemente as relações acontecem.

Mundo próprio (*Eigenwelt*)

A terceira dimensão da existência é a da relação consigo mesmo, frequentemente tematizada na literatura fenomenológico-existencial como *Eigenwelt* (mundo próprio). van Deurzen (2010) interpreta a noção do mundo próprio como "ser consigo mesmo"[27], referindo-se ao contorno de si que a existência desenvolve ao longo da vida; contorno esse que delimita a privacidade e nos delimita como entidade individual e como alguém singular, diferente dos demais. O si mesmo não é uma entidade, mas um modo de referir-se ao "centro de nossa experiência"[28], que temos e somos. Esta referência a si mesmo desenvolve-se com o *Mitwelt*, ou seja, a partir das relações sociais e do mundo físico.

Diferentemente de *Umwelt* e *Mitwelt*, que são dados de início, o *Eigenwelt* é uma construção humana. Pode-se afirmar que ele está formado quando já há a capacidade para refletir e formar um conceito de si mesmo com a base nas experiências corpóreas e de relação com outros. Concretamente, acontece como a sensação de que eu sou eu. A partir desse momento, a pessoa se sente real, descobre que só ela tem as sensações e percepções que tem. Mas este frágil

---

[27] Ibidem, p.162.
[28] Ibidem, p.162.

e vulnerável núcleo pessoal precisa se proteger das ameaças advindas das relações. O desenvolvimento humano acontece nessa tensão.

Com a apresentação das três dimensões existenciais, a antropologia de van Deurzen descreve uma linha do desenvolvimento existencial. A quarta dimensão (espiritual), que será descrita adiante, completa-a. Sumariza a autora:

> ... nos leva cinco anos de vida para estabelecer independência física completa, outros cinco (5 – 10) para estabelecer independência social básica. São prováveis outros cinco anos (dos 10 aos 15) até que se tenha um senso de individualidade completo e independência pessoal. Então serão mais cinco anos (15 – 20) até que um sistema de sentido, um senso de ideologia pessoal e independência de pensamento esteja completamente desenvolvido.[29]

Formado o eu, ele pode ser aberto a pessoas consideradas íntimas, escolhidas para habitarem o mundo do si mesmo, ou pode permanecer exclusivo, privado, restrito a todos os outros como um mundo particular.

A existência mais saudável é aquela que consegue transitar por entre as dimensões (os mundos). Quando há desequilíbrio, é necessário reconectar com as dimensões enfraquecidas; se há excesso de consciência e pouco mundo físico e social (que pode chegar ao extremo da esquizoidia), o caminho terapêutico é de buscar reconexão entre as dimensões. Como já afirmado anteriormente, são as tensões polares e entre dimensões sobrepostas que possibilitam o desenvolvimento humano. Advoga van

---

[29] Ibidem, p.163.

Deurzen que "A dor e o sofrimento humano é o único caminho para se adquirir intuições verdadeiras, experiência e crescimento"[30].

No mundo do si mesmo acontecem os pensamentos próprios e o diálogo interior. Nele, cada um pode avaliar quem tem sido e tomar decisões sobre seus caminhos. A trajetória existencial se dá acumulando experiências para formar uma história, projetos e estilo pessoal próprios. Sendo si mesma, a existência descobre a liberdade e seus limites, a ansiedade, o ônus e o bônus de escolher por si mesma.

Ao querer afirmar nossos próprios desejos, descobrimos que temos que lidar com as necessidades das outras pessoas. Podemos também perceber que tememos a liberdade e preferimos seguir com rotinas definidas ou copiar os outros, não querendo sermos indivíduos".[31]

Problemas existenciais podem surgir quando o si mesmo não tem tempo para se desenvolver a seu ritmo. Se o *Umwelt* e o *Mitwelt* não propiciam confiança e segurança, um eu prematuro se forma e, para se preservar, permanece rígido, evitando trocas, deixando de amadurecer. van Deurzen indica dois desdobramentos possíveis disto: a preponderância do *Eigewelt* como vida íntima secreta, não compartilhada e narcisista, que acaba ruindo por não se sustentar nos mundos físico e social, ou excesso de mundo físico e social, que restringe o espaço de desenvolvimento do si mesmo, levando a indivíduos superficiais, com pouca reflexividade e vida interior.

---

[30] Ibidem, p.174.
[31] VAN DEURZEN, Emmy; ARNOLD-BAKER, Claire *Existential Perspectives on Human Issues*, p. 158.

Super-Mundo (*Überwelt*)

A dimensão espiritual completa a existência. É a quarta dimensão, referida por ela como *Uberwelt*, "super-mundo" ou "mundo além das dimensões física, social e pessoal de nossa experiência"[32]. O termo *Uberwelt* não é comum na literatura existencial, embora o que é indicado por ele apareça na obra de filósofos e terapeutas existenciais. Esta dimensão indica o sentido, a fé, os valores, a visão de mundo; em suma, a implícita filosofia de vida. Ela atravessa tudo o que se vive, embora não seja fácil captá-la e expressá-la com clareza. É o sentido profundo para a vida. Nela residem os fundamentos para responder a dilemas morais e éticos que a vida traz.

Ao longo da vida, a existência é confrontada com situações que colocam em questão o sentido, as crenças, e que convidam à reavaliação. São desafios que levam ao amadurecimento e, segundo van Deurzen, à sabedoria acerca da existência. "Embora aqueles eventos possam ser traumáticos naquele momento, é frequentemente o caso de levarem a maior intuição, compreensão ou mesmo sabedoria. Aparentemente, tal sabedoria dificilmente vem sem dor e conflito."[33]

Nos anos iniciais da vida, aceita-se e assume-se visões de mundo dos outros com quem se vive, mas logo a existência descobre que há outros modos de interpretar a realidade. A comunicação com outras pessoas e experiências culturais apresentam outras perspectivas. Daí também a importância de se relacionar com pessoas diferentes e transitar por círculos sociais diversos; é um antídoto às limitações do dogmatismo. Ao longo do desenvolvimento vão aparecendo valores e convicções que nos definem, assim como posições

---

[32] VAN DEURZEN, *Everyday Misteries*, p.168.
[33] VAN DEURZEN & ARNOLD-BAKER, *Existential Perspectives...*, p. 219.

contrárias. Geralmente, é na adolescência que vai se configurando uma perspectiva na vida e surge o julgamento das ações alheias à luz dela. Também é nesta fase que se começa a preocupação com o mundo que se quer para si (com o futuro) e se experimenta o impacto das ações na realidade. Bem e Mal são valores que sustentam julgamentos da realidade e das ações alheias. A dimensão espiritual é sua sede. Subjacentes desde a infância, na adolescência aparecem mais conceitualmente, assim como a possibilidade de reconhecê-los nos outros e em si mesmos. Não são valores absolutos, evidentemente. São polos de um espectro. O amadurecimento do si mesmo possibilita que se descubra seu caráter perspectivo, e, principalmente, que ambos os polos habitam a existência. O dogmatismo pode ser um modo de ocultação desse espectro, negando um dos polos. Mas, se Bem ou Mal faltam, há um desequilíbrio que a vida tentará compensar.

O *Uberwelt* se apresenta hoje como maior desafio para a humanidade, pois o século XX estabeleceu a cultura de consumo como sentido maior da vida, o que resultou em mais vazio existencial e menos conexão com a transcendência. O hedonismo e as conquistas materiais não dirimem a falta de sentido; pelo contrário, até a ampliam para quem não encontra o esperado preenchimento. Dogmas não suprem a dimensão espiritual, pois oferecem respostas simples e prontas para questões profundas[34]. O senso comum (bom senso) também se opõe a ela, pois propõe soluções simples e comuns a questões profundas e que se dirigem singularmente à existência.[35]

---

[34] A autora diz que a Psicanálise e o Marxismo foram os dogmas do século XX, os quais substituíram o dogma religioso anterior.

[35] Num artigo breve e claro, Emmy van Deurzen (1999) defende que quando dilemas existenciais aparecem nas consultas psicológicas (psicoterapia, aconselhamento) – e necessariamente aparecem, dado que são do humano

A terapia é ocasião de exploração do *Uberwelt* no sentido de tematizar e explicitar os valores subjacentes que orientam as escolhas que cada um faz na vida e que fornecem subsídios para lidar com os fatos dados (*givens*). Não raro, os clientes descobrem que receberam e assumiram para si valores pela educação ou nas relações, mas que não mais se reconhecem neles. Eles descobrem, também, potenciais criadores de sentido para a própria vida. O esclarecimento dos próprios valores e de sua história contribui para a busca de uma harmonia entre as expectativas em relação à vida, ao mundo e às ações nessa direção. As atitudes e condutas da existência têm impacto no mundo – isto é, somos potentes – e é importante se apropriar disso para não ficar preso no polo da impotência. Potência e impotência (atividade-passividade) são polos do mesmo espectro; alternam-se nas situações e ao longo da vida.

A dimensão espiritual (*Uberwelt*) está presente em todas as situações existenciais e sustenta o posicionamento próprio na vida. Por isso, é fundamental explorá-la sem a pretensão de chegar a conclusões definitivas. O terapeuta precisa cuidar para não sugerir seus próprios valores para o cliente; para isso, precisa estar consciente de si mesmo e de como se situa e orienta nas questões metafísicas do existir.

Em síntese, a existência precisa das quatro dimensões existenciais. Quem compreende e se apropria disso, descobre-se não mais como uma identidade entificada e mais como "um canal (...) uma lente que reflete e refrata a realidade e muda a luminosidade pelo modo como se

–, o terapeuta deve evitar aceitar o senso comum do cliente, ou recorrer a ele para propor abertamente, ou sugerir disfarçadamente caminhos ao seu cliente. Deve, outrossim, abrir a dimensão ética do dilema e explorar as questões que traz.

comporta"[36]. Em termos, encontradas em outras abordagens existenciais-humanistas, o "eu" é "processo"[37] de responder e corresponder ao que a vida traz. A existência descobre que não tem o controle sobre si mesma, nem sobre a própria vida, ao contrário do que a cultura ocidental atual leva a crer. E isso é um fato dado (*given*). Somos seres físicos, sociais, psicológicos e espirituais e cada uma destas dimensões comporta tensões intrínsecas (os polos) e extrínsecas (entre as quatro) e a existência é assim entregue a cada qual.

Podemos estudar esta legalidade existencial e dialogarmos com sua natureza paradoxal. (...) Ao prestarmos atenção sistemática aos princípios e limites da vida nos coloca em contato com as forças que não controlamos, mas que todos temos que tomar em consideração. Quando prestamos atenção para as ondas misteriosas da vida que governam nossa existência, descobrimos quase imediatamente que há mais desconhecimento sobre a vida que conhecimento.[38]

Pode então abrir a indagação humana acerca dos mistérios da vida – os "mistérios cotidianos" ("*everyday misteries*") que nomeiam o livro de van Deurzen. A vida e o universo se revelam como enigmas a serem decifrados, sem chance de encontrar respostas últimas. É o que na Filosofia é chamado de ontologia (ciência do ser). A dimensão espiritual é também a dimensão ontológica, em que residem as questões fundamentais como:

---

[36] VAN DEURZEN, *Everyday Misteries*, p.173.
[37] Cf. BUGENTAL, "O Eu: Processo ou Ilusão?"
[38] VAN DEURZEN, Op.cit., p.173.

O que significa estar vivo? Quem sou eu? Qual é a razão de minha existência? Por que existe afinal o ente? Como devo viver? O que posso esperar realizar? A felicidade é possível? O que se espera de mim? Como devo agir e ser em relação a outras pessoas? Há justiça no mundo? Posso mudar para melhor? É possível entender a vida e tomar-lhe as rédeas? Consigo encontrar modos de superar minhas dificuldades? Preciso sofrer tanto? Como viver uma boa vida dentro das constrições do mundo? Como posso ser uma pessoa melhor? Como viver uma vida que vale a pena?[39]

A antropologia daseinsanalítica de Alice Holzhey-Kunz

O percurso do livro *Daseinsanalyse*, da analista suíça Alice Holzhey-Kunz, que tomo aqui como referência, inicia-se com uma retomada histórica da obra de Ludwig Binswanger e Medard Boss. O primeiro foi precursor no uso do termo Daseinsanalyse ao se referir a uma psicopatologia e a uma psicoterapia fundamentadas na filosofia de Heidegger, sobretudo em *Ser e Tempo*. O outro recebeu apoio de Heidegger, na elaboração de uma "terapia amparada numa fundamentação mais humana e mais correspondente ao Dasein da medicina"[40], para a qual conta com o desenvolvimento ulterior do pensamento heideggeriano e os *Seminários de Zollikon*[41]. Quanto à Psicoterapia, o projeto de Boss era

---

[39] VAN DEURZEN & ARNOLD-BAKER, Op.cit., p.3.
[40] BOSS, M. *Existential Foundations of Medicine & Psychology*, p.xxx.
[41] Seminários semestrais realizados por Martin Heidegger por dez anos na casa de Medard Boss para médicos e psiquiatras. Publicados em: BOSS & HEIDEGGER, *Os Seminários de Zollikon*.

refundar os fenômenos descobertos por Freud na clínica numa compreensão mais consoante à existência.

Esta introdução histórica é necessária para situar o lugar da Daseinsanalyse no campo das psicoterapias e, principalmente, para mostrar que as concepções de ser-aí (Dasein) e existência, elaboradas pelo filósofo, figuram como seu fundamento básico. A analítica existenciária[42] de Heidegger fornece uma concepção de humano saudável a partir da qual os modos de ser de pessoas em sofrimento pode ser entendido. Articula-se com esse entendimento uma terapêutica, ou seja, Holzhey-Kunz entende que da antropologia deriva-se uma psicopatologia e, desta, uma Psicoterapia.

A daseinsanalista divide sua antropologia em "bases filosófico-antropológicas" e "aspectos filosófico-psicológicos", consoante à sistematização epistemológica delineada por Giovanetti, indicada anteriormente. As bases advêm da analítica existenciária de *Ser e Tempo*, enquanto os fenômenos psicológicos, da experiência clínica e de análises fenomenológicas realizadas por Sartre, Binswanger, Ricouer e Kierkegaard. Freud também é influência marcante, pois a temática clínica foi por ele primeiramente apresentada e ele é o introdutor da hermenêutica na psicopatologia, a postular um sentido oculto nos sintomas psicopatológicos. Holzhey-Kunz toma para si a tarefa de resgatar a hermenêutica na Daseinsanalyse, entendendo que o zelo fenomenológico de Medard Boss acabou por "jogar fora a criança junto com a bacia (...) [ao] rejeitar o conteúdo como

---

[42] O termo "existenciário" se refere à constituição fundamental da existência (ontológica), que se encontra encoberta pela tradição metafísica e, segundo Holzhey-Kunz, por interpretações cotidianas impessoais. Articula-se com "existencial", que significa a possibilidade aberta na qual a existência se situa e acontece (ôntico).

'não fenomenológico'"[43]. É assim que propõe interpretações existenciais dos fenômenos psicanalíticos como o início da própria vida e as relações primevas com os genitores, do conflito fundamental nas relações interpessoais, das compulsões, da pulsão de morte, do desejo, da repressão e do retorno do reprimido e do inconsciente. A exposição desta temática extrapola os limites deste escrito.

A antropologia existencial descrita por Holzhey-Kunz fundamenta-se na analítica existenciária de *Ser e Tempo* (Heidegger), mas também lança mão das filosofias de Kierkegaard e Sartre. O dinamarquês fornece muitas das temáticas "existenciais" retomadas por Heidegger: liberdade, angústia, singularidade e o termo existência para se referir ao fato de ser si mesmo. Sartre desdobra temáticas abertas em *Ser e Tempo*, como descrevendo, analisando e ilustrando modos de ser com outros.

Ter-que-ser

A base da antropologia daseinsanalítica de Holzhey--Kunz se encontra em Heidegger. A primeira, e fundamental concepção, é que existir é tarefa, ou seja, a condição ontológica de ter-que-ser significa que a cada vez precisa-se ser (acontecer) de um determinado modo. Nenhum predicado define o humano, pois ele precisa sê-lo a seu modo a cada vez. O exemplo que ela dá é simples e claro: tendo nascido com o gênero mulher, precisa ser 'mulher' a cada vez, o que implica recolher as possibilidades sócio-histórico-culturais (ou, simplesmente, 'do mundo') e tomar posição em relação a como ser, assumindo-as, recusando-as, reformulando-as,

---

[43] HOLZHEY-KUNZ, Daseinsanálise, p.72.

etc. Ser existência significa existir a cada vez como modo de ser. Trata-se de uma concepção radical de singularidade: cada um é responsável por ser si mesmo.

Além do entendimento existencial de individualidade, a analista encontra na ontologia fundamental uma concepção radical de liberdade: estando a existência entregue à tarefa de ser, em cada possibilidade ôntica que realiza (cada modo concreto de ser), escolhe concomitantemente um projeto para si mesmo. Pode-se falar de dois significados de 'liberdade', portanto: a liberdade ôntica de ir e vir, que pode ser limitada circunstancialmente, e a liberdade ontológica, condição existencial de posicionar-se a cada vez na própria vida e ser responsável por fazer-se. Explica a autora:

> Por mais que alguém possa viver preso por nascimento e origem e possa se ver acossado pelos reveses do destino, ele permanece de qualquer modo livre no sentido 'existencial', na medida em que lhe é entregue o modo como ele integra o inalterável em sua vida e o que ele faz com isto, se ele se posiciona de maneira positiva ou negativa, denegando ou se confrontando com isto.[44]

Subjaz, ainda, a possibilidade de renunciar ao ser como tarefa, isto é, escolher não ser.[45]

O conceito de ser-no-mundo é notório por ultrapassar a dualidade cartesiana sujeito – objeto. O que não significa que seja sempre bem compreendida. Holzhey-Kunz a indica como essencial para a Daseinsanalyse, mas ressalta que mais do que a unidade, esse conceito indica a familiaridade

---

[44] HOLZHEY-KUNZ, Daseinsanálise, p.49.

[45] A autora pensa a depressão como uma recusa em assumir a responsabilidade e o peso do ser tarefa.

(estar em casa, habitar) por qual a existência reconhece as coisas, os outros e a si mesmo. A analista ressalta o conflito entre o estar em casa na habitualidade das interpretações públicas – habitando sentido – e o subjacente abismo da falta de sentido do mundo, enquanto puro ser insignificativo, dependente dos projetos humanos. Existir é permanecer numa tensão entre mundo e nada, entre encontrar-se aninhado em sentido e perdê-lo. A experiência afetiva da angústia é a que descortina a falta de sentido, o nada do mundo. Nessa tonalidade afetiva, as coisas e os outros não 'dizem' nada, isto é, não se oferecem em possibilidades de ação, mostrando a necessidade da existência projetar sentido para as coisas.

A consequência dessa apropriação da analítica existenciária, como antropologia existencial, é que nas experiências de perda e falta de sentido, a existência é confrontada com a verdade de seu ser (verdade ontológica). A angústia não é um sentimento a ser eliminado, e, sim, uma tonalidade afetiva reveladora da verdade do existir. A perda do sentido da angústia mostra:

> [...] que nós nos mantemos na maioria das vezes em nexos de sentido, sem, contudo, estarmos contidos no sentido ou mesmo suportados pelo sentido, porque 'por detrás' de todo sentido dormita sempre o 'puro ser' em sua facticidade dotável de sentido.[46]

O modo cotidiano de fuga da verdade ontológica da indeterminação existencial é o que Heidegger chama de Impessoal (*das Man*), que se refere às interpretações coletivas (sócio-históricas) acerca da realidade. A daseinsanalista se apropria dessa dinâmica "verdade ontológica" – "fuga ao

---

[46] HOLZHEY-KUNZ, Daseinsanálise, p.53.

impessoal" para mostrar como as existências ocultam de si o fardo da indeterminação e tranquilizam-se mutuamente.

Quando alguém vivencia algo desestabilizador e revelador das radicais individualidades, liberdade e insegurança ontológica, o impessoal oferece interpretações que transformam essa experiência em algo comum porque todo mundo passa por explicações que afastam a singularidade delas. Por exemplo, sensações de possibilidade ou iminência de perdas são tachadas de "a vida é assim mesmo" e experiências "de estar morrendo" são transformadas em ataques de pânico e explicadas por mecanismos biológicos. Os ditados fornecem interpretações prontas e impessoais para as experiências singulares. A cultura regula modos universais de entendimento (sentidos) da realidade.[47] As interpretações públicas aplacam a angustiante experiência de descobrir-se livre e responsável pelo próprio ser.

Da analítica existenciária vem também a proposta revolucionária de que entendimento e afetividade acontecem juntos. As tonalidades afetivas (humores) abrem mundos, modulando as possibilidades de significação do encontrado. As tonalidades são totalizantes, o que significa que não se dirigem a algo específico, e sim, à totalidade do mundo aberto. A tonalidade afetiva abre conjuntamente à compreensão o que na situação se apresenta como possibilidade de comportamento. Algo pode se revelar ameaçador quando o mundo está tonalizado na ameaça. Não há antecedência de um ou outro. Uma abertura triste sintoniza tudo nos seus aspectos cinzas, pesados, dificultosos, ao passo que na alegre, tudo se apresenta mais leve e colorido. Na tristeza,

---

[47] Na contemporaneidade, coexistem vários sentidos; cobre-se mais totalmente a gama de experiências possíveis, mas também aumenta a ansiedade individual por configurar a própria vida.

estes aspectos que sobressaem na alegria ficam inacessíveis e vice-versa.

Ser-corpo

O corpo é tema importante na Daseinsanalyse desde o princípio. Medard Boss queria uma medicina existencial e Heidegger dedicou horas nos *Seminários de Zollikon* para mostrar que a compreensão objetivante do corpo, como algo subsistente, não encontra o corpo humano. Boss propõe o verbo corporar (*leiben*) para se referir ao fato de que todo modo de ser no mundo implica movimento corporal.

Na Daseinsanalyse de Holzhey-Kunz, o corpo aparece como encargo: "O corpo vivo humano é apenas de tal modo que cada um tem de assumi-lo como sua tarefa"[48]. O estar submetido a "processos corpóreos", ao "corpo vivo *qua* organismo"[49] é mais um índice da facticidade existencial, do ser entregue e submetido a situações que não foram escolhidas nem postas por si mesmo. A liberdade se coloca diante do como se lida com as necessidades corpóreas, mas está limitada pelo ter de lidar. O acontecer dos processos corpóreos de alguém singular segue sendo enigmático, por mais que a Medicina aprenda a explicar o corpo fisiológico em geral. As explicações científicas não dão conta de responder por que justo eu tenho que lidar com este corpo que não escolhi e que funciona assim ou assado e que recusa todos os meus esforços de controle? Sendo assim, na clínica Daseinsanalítica, a pergunta "o que é o corpo?" é substituída por "Como é o corpo?"[50]

[48] HOLZHEY-KUNZ, Daseinsanálise, p.75.
[49] Ibidem, p.75.
[50] Ibidem, p.75.

Apesar de os esforços hermenêuticos para situar o corpo vivo humano na natureza, ele escapa. As necessidades fisiológicas demonstram isso. Por mais que a alimentação seja necessária para manter o corpo vivo, ela é um modo de cuidar da própria existência, mais do que estritamente do corpo. Há um espaço de jogo das possibilidades de autocuidado com essas necessidades biológicas, pois pode-se assumi-las, recusá-las, etc. Aliás, atribuir o ter que cuidar de si a necessidades biológicas de um corpo biológico é um modo de tentar fugir da tarefa de ser si mesmo, tomando-se como ente biológico e não existência.

Outro exemplo de que o corpo humano resiste ao sentido naturalizante está na sexualidade. A determinação da sexualidade como fato biológico não eliminou vergonha e culpa (supostamente modos culturais incutidos pelo cristianismo). O corpo natural não determina como ser homem ou mulher e é do mundo compartilhado que se retira tais indicações; também o gênero não é natural e, sim, cultural.

Por fim, o corpo humano pode representar temáticas existenciais, como nas doenças chamadas psicossomáticas. Nelas, doenças somáticas tomam o lugar de sofrimentos existenciais. Esta situação dá legitimidade ao sofrimento e à procura por ajuda, pois doenças do corpo são mais aceitáveis e implicam menos a existência com o próprio existir. Ao mesmo tempo, atribui o sofrimento ao corpo autônomo, como se não fosse a própria existência a estar em questão e espera-se de outrem – o médico, o psicanalista – a resolução do conflito.

Dor, nojo e vergonha são três experiências corporais descritas por Holzhey-Kunz que mostram "que nós somos e temos de ser corporais"[51]. A revelação dessa condição é

---

[51] HOLZHEY-KUNZ, *Daseinsanálise*, p.79.

mais experiencial do que cognitiva, isto é, são tonalidades afetivas que desvelam o ter que ser corpo.

A sensação de dor remete diretamente ao meu corpo que dói, interrompendo e/ou dificultando outros comportamentos possíveis. Traz à tona que eu sou, que eu existo este e neste corpo; portanto, me singulariza. Ademais, revela imediatamente que o corpo pode ser ferido, adoecer e, no limite, morrer. A existência experimenta sua finitude na mais ínfima dor; a mortalidade está nela incluída pré-ontolologicamente[52].

A sensação de nojo, tal como descrita por Sartre em *O Ser e o Nada*, revela à existência que seu corpo também é "pura 'carne', que está entregue ao processo de degenerescência e um dia só será carne, a saber, cadáver"[53]. Já a experiência de vergonha traz consigo o desejo de ser invisível, desaparecer, e revela a existência a si mesmo, em situação como corpo visível ao outro, e limitada, impotente, para realizar esse desejo (sumir).

Ser-com-outros

A finitude (impotência ontológica) humana se faz presente na lida com os outros e, por isso, a relação com a alteridade é necessariamente conflituosa.

Holzhey-Kunz chama a atenção para o caráter fundamental que tem o ser-com-os-outros na obra de Heidegger, e como Binswanger se apropria disso de modo semelhante. Para o psiquiatra, o ser-com é também fundamento da existência. A análise binswangeriana do ser-um-com-outro o

---

[52] Holzhey-Kunz toma o conceito de "inclusão pré-ontológica", de Heidegger, para indicar a condição ontológico-existenciária incluída em cada experiência ôntica. Cf. EVANGELISTA, "Sofrer com o próprio ser".

[53] *Ibidem*, p.81.

leva a descrever o modo fundamental de ser-com – o amor – do qual derivam os demais. Dois modos fundamentais são descritos de relação: o modo dual das relações de amor e amizade, por qual o eu encontra o outro como tu numa relação de reciprocidade e nostridade, e o modo plural, por qual outro é absorvido pela utilidade e instrumentalidade.[54] A querela que essa posição abriu com Heidegger é conhecida: o filósofo demonstrou que Binswanger não compreendeu o caráter originário da Preocupação (Sorge), do qual as relações amorosas são um modo. Holzhey-Kunz defende que o psiquiatra não se preocupou em ampliar sua descrição, pois assumiu como Heidegger o entendimento de que o ser-com é existenciário.

A daseinsanalista vai além dessa descrição para enfatizar que ser-com-outros é tarefa existencial, ou seja, é "co--ter-que-ser"[55]. Como a existência são as relações de mundo com coisas e outros, estes estão imbricados no ser si mesmo, de modo que cada um deve (e sabe que deve) posicionar-se quanto à sua ligação ontológica com os outros. Além desse aspecto fundamental, os outros aparecem nos comércios mundanos (ônticos), e em relação a eles, apresentam-se, ora mais explicitamente, ora menos, constantes questionamentos:

> O que significa para mim o outro, o que eu sinto por ele, o que penso dele, como eu o avalio, em que medida ele pode ser útil para mim e o que posso esperar realmente dele? E, analogamente, o que eu significo para o outro, o que ele sente por mim, como ele me avalia, o que ele quer de mim?[56]

---

[54] Cf. SPIEGELBERG, *Phenomenology in Psychology and Psychiatry*, e GIOVANETTI, *Psicoterapia Antropológica*.
[55] *Ibidem*, p.103.
[56] *Ibidem*, p.104.

Respostas a estas perguntas são sempre temporárias, demonstrando que o ser-com permanece como tarefa a ser realizada.

Holzhey-Kunz sublinha ainda outro aspecto fundamental ontológico do ser-com-os-outros pouco explorado por Binswanger e Boss: o outro como *alter*, puro outro. Nos trâmites cotidianos, o outro aparece significado, situado, relativamente previsível. Mas incluído está que é alteridade; por mais que saiba o que pode se esperar do outro na situação, o fato de ser existência e, portanto, ter-que-ser livre e indeterminado, abala a segurança prévia do encontro.

O conflito originário fundado na liberdade ontológica do outro como *alter* foi descrito detalhadamente por Sartre em *O Ser e o Nada*. A liberdade do outro indica que ele se presentifica por si mesmo, por sua livre autodeterminação, e não porque eu o determino. Suas ações são livremente escolhidas e seguem suas próprias motivações. Nesse sentido, o outro insere ansiogênica indeterminação em toda vivência.

A liberdade do outro também implica que ele pode me interpretar, julgar e determinar, e que sou impotente quanto a isso. O outro pode me ver como objeto, como carne. Posso tentar influenciá-lo, manipulá-lo até, mas a liberdade alheia previne a determinação total da relação. O outro tem uma visão sobre mim que eu não tenho e preciso dele para a ter, para ser confirmado ou negado. Nas análises de Sartre isso aparece sob a máxima de que "o inferno são os outros"[57].

Na submissão e impotência em relação ao outro fundam-se muitos sofrimentos existenciais que aparecem nos consultórios psicoterapêuticos. É um conflito incontornável, de modo que, em terapia, somente pode aproximar-se dele e da condição ontológica que indica. A própria relação

---

[57] SARTRE, *Entre quatro paredes*, p.21.

psicoterapêutica atualiza esta situação, ainda mais quando o analista assume a abstinência preconizada por Freud e seguida por Boss, Binswanger e Holzhey-Kunz. O recuo do analista situa-o na relação como puro Outro, convidando na situação terapêutica a explicitação desse conflito originário e dos modos como o enfrenta.[58] A Daseinsanalyse não propõe a eliminação dos conflitos relacionais, mas sim, a superação deles pela aproximação da dimensão ontológico-existencial que eles anunciam.

A consequência mais significativa desta antropologia e da patologia a ela pertinente é que a psicoterapia se torna um campo de exploração da verdade ontológica incluída nas experiências psicológicas. As regras analíticas enunciadas por Freud permanecem, agora, fundamentadas numa compreensão mais correspondente à existência. A livre associação figura aqui como regra fenomenológica ao exigir que se suspendam pré-julgamentos do que pode e não pode, deve e não deve ser falado em sessão. Do lado do analista, esta escuta fenomenológica recebe o nome de atenção flutuante. E cabe ao analista manter-se abstinente a fim de que apareça como puro Outro. Configura-se, assim, uma conversa *sui generis* por romper com as regras sociais do diálogo. Nela, ambos, o paciente e o analista, estão postos num campo de indeterminação quanto ao que pode emergir. As experiências vividas nesse encontro trazem incluídas a incontornável condição humana, o que exige do analista que saiba discriminar quando manejar o tema sob o ponto de vista psicológico-individual (remetendo à história vital do analisando), relacional (pertinente à relação analista-analisando) ou amparar-se num "*escutar* com um

---

[58] Cf. EVANGELISTA, "O lugar do terapeuta daseinsanalítico na terapia".

ouvido filosófico"⁵⁹ e propiciar o desvelamento dos aspectos existenciais *qua* ontológico-existenciais.

Considerações finais

Embora possam ambas, Holzhey-Kunz e van Deurzen, serem incluídas sob o guarda-chuva das terapias existenciais, suas propostas são um tanto diferentes. A holandesa é mais conciliatória, com as interpretações vigentes sobre o humano do que a suíça. Van Deurzen tem maior capacidade de dialogar usando a linguagem do mundo das ciências da saúde, pois recorre a explicações da Biologia, da Física e da Psicologia, haja vista sua definição do humano como "organismo bio-socio-psico-espiritual"⁶⁰. Ela apresenta também uma tese sobre o desenvolvimento humano que se assemelha a teorias formuladas por psicólogos fenomenológicos clássicos como Erik Erikson e Charlotte Buhler, que se inicia na animalidade em direção à espiritualidade. Na Psicologia, transita entre autores de abordagens diversas, recolhendo os aspectos que melhor compõem sua visão holística.

Holzhey-Kunz tem o objetivo de ser dasensanalítica e, para isso, segue fielmente as indicações de Heidegger e Boss para uma terapia "mais correspondente ao Dasein"⁶¹, à existência tal como descrita pelo filósofo. Daí que somente poucos autores podem complementar as descrições iniciadas por Heidegger, em *Ser e Tempo*. Nesta análise, não cabem explicações biológicas, físicas ou psicológicas. Melhor, não cabem *explicações*, entendendo este termo sob o significado de um modelo hipotético-dedutivo causal. A fenomenologia

---

⁵⁹ HOLZHEY-KUNZ, *Daseinsanálise*, p.246.
⁶⁰ VAN DEURZEN, *Everyday Misteries*, p.131.
⁶¹ BOSS, M. *Existential Foundations of Medicine & Psychology*, p.xxx.

da existência exige radicalidade na assunção da existência como ter-que-ser, tarefa, de modo que qualquer interpretação de cunho científico-natural precisa ser descartada como mecanismo de proteção contra a verdade ontológica. Apesar da diferença acentuadamente epistemológica, ambas concordam que o humano não tem sido compreendido na sua especificidade pelas Psicologias científicas vigentes, sendo necessária a complementação por uma quarta dimensão – o Überwelt em van Deurzen – ou pela ontologia existencial – a analítica existenciária de Heidegger, em Holzhey-Kunz. O sofrimento existencial (psicopatologia) é interpretado diferentemente pelas autoras. Para van Deurzen, os sintomas são compensatórios ao excesso de um polo no espetro da dimensão existencial. Para Holzhey-Kunz, trata-se de uma tentativa de ir contra a condição ontológica, isto é, de eliminar algum aspecto do incontornável ter-que-ser. Por isso, na Daseinsanalyse, busca-se a apropriação do conflito inexorável enquanto tal, ao passo que na Terapia Existencial, busca-se um caminho do meio entre polos, com ajuda de uma tendência ao equilíbrio inerente à dinâmica vital.

Referências

BOSS, Medard. *Existential Foundations of Medicine & Psychology*. Northvale, New Jersey; London: James Aronson Inc., 1994.

_____ & HEIDEGGER, Martin. *Os Seminários de Zollikon - Protocolos, Diálogos, Cartas*. Trad. Fátima Almeida Prado. Petrópolis, RJ: Vozes, 2009.

BUGENTAL, James. O Eu: Processo ou Ilusão? Em: GREENING, Thomas. (org.) *Psicologia Existencial-Humanista*. Rio de Janeiro: Zahar Editores, 1975. Pag.83-103.

EVANGELISTA, Paulo. A daseinsanalyse de Medard Boss: Medicina e Psicologia mais correspondentes ao existir humano.

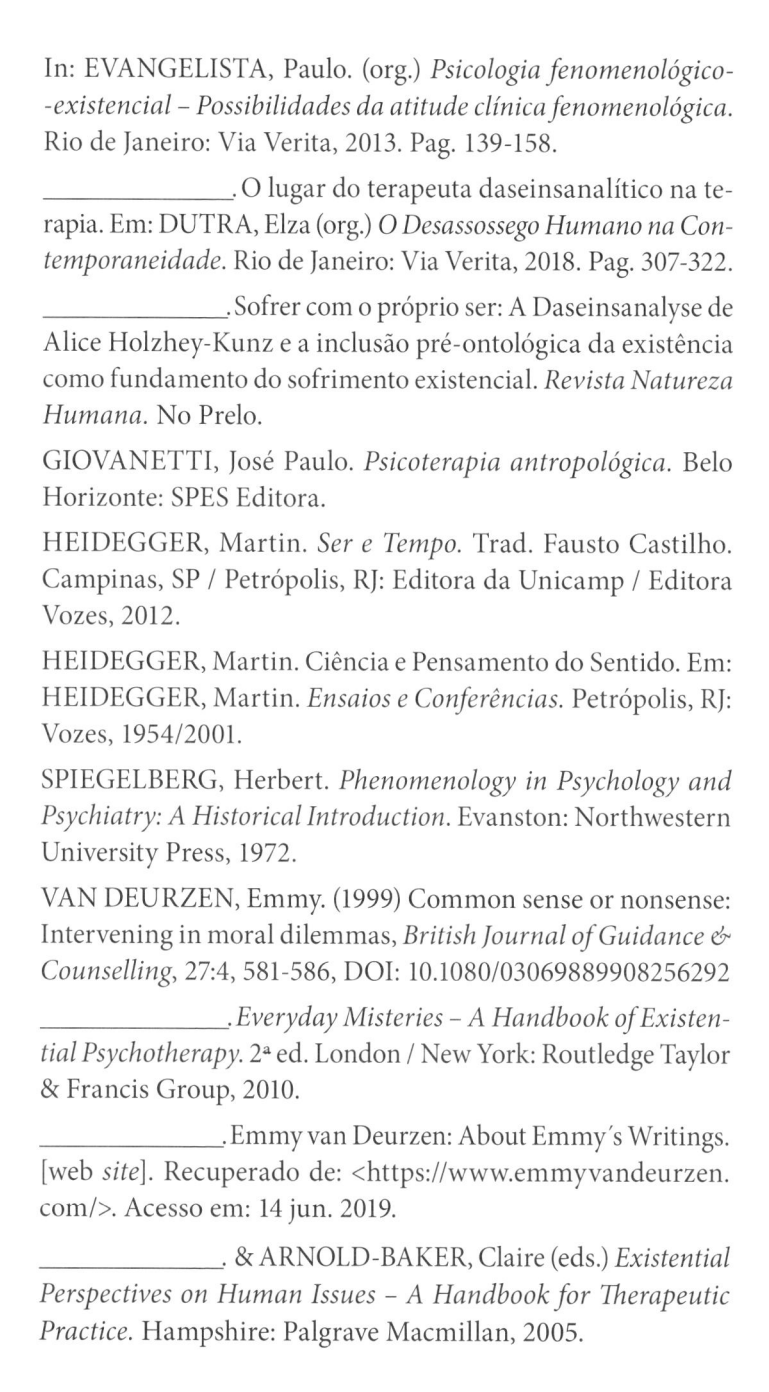

In: EVANGELISTA, Paulo. (org.) *Psicologia fenomenológico--existencial – Possibilidades da atitude clínica fenomenológica.* Rio de Janeiro: Via Verita, 2013. Pag. 139-158.

_____. O lugar do terapeuta daseinsanalítico na terapia. Em: DUTRA, Elza (org.) *O Desassossego Humano na Contemporaneidade.* Rio de Janeiro: Via Verita, 2018. Pag. 307-322.

_____. Sofrer com o próprio ser: A Daseinsanalyse de Alice Holzhey-Kunz e a inclusão pré-ontológica da existência como fundamento do sofrimento existencial. *Revista Natureza Humana.* No Prelo.

GIOVANETTI, José Paulo. *Psicoterapia antropológica.* Belo Horizonte: SPES Editora.

HEIDEGGER, Martin. *Ser e Tempo.* Trad. Fausto Castilho. Campinas, SP / Petrópolis, RJ: Editora da Unicamp / Editora Vozes, 2012.

HEIDEGGER, Martin. Ciência e Pensamento do Sentido. Em: HEIDEGGER, Martin. *Ensaios e Conferências.* Petrópolis, RJ: Vozes, 1954/2001.

SPIEGELBERG, Herbert. *Phenomenology in Psychology and Psychiatry: A Historical Introduction.* Evanston: Northwestern University Press, 1972.

VAN DEURZEN, Emmy. (1999) Common sense or nonsense: Intervening in moral dilemmas, *British Journal of Guidance & Counselling,* 27:4, 581-586, DOI: 10.1080/03069889908256292

_____. *Everyday Misteries – A Handbook of Existential Psychotherapy.* 2ª ed. London / New York: Routledge Taylor & Francis Group, 2010.

_____. Emmy van Deurzen: About Emmy´s Writings. [web *site*]. Recuperado de: <https://www.emmyvandeurzen.com/>. Acesso em: 14 jun. 2019.

_____. & ARNOLD-BAKER, Claire (eds.) *Existential Perspectives on Human Issues – A Handbook for Therapeutic Practice.* Hampshire: Palgrave Macmillan, 2005.

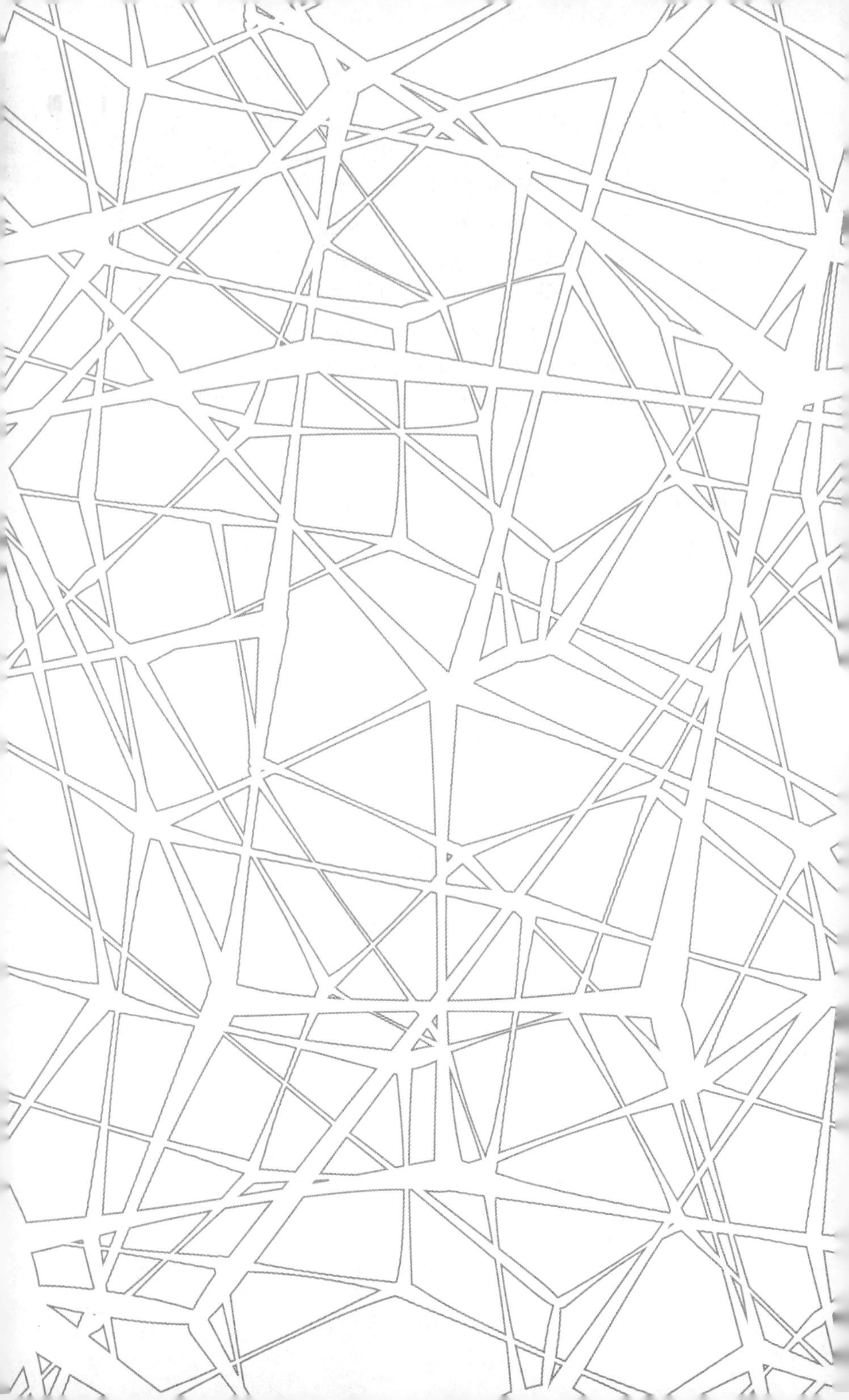

O adoecimento existencial no século XXI

José Paulo Giovanetti
FAJE – Faculdade dos Jesuítas

Nos últimos anos, a sociedade contemporânea tem passado por profundas transformações que têm impactado de forma significativa o modo de viver do homem. A época atual vive essas transformações com uma velocidade jamais vista. Se, antigamente, percebíamos que a mudança de uma geração para outra poderia ser datada em 25 anos, hoje temos até dúvidas se 5 anos não seria um tempo até mesmo extenso para falarmos de mudança de gerações.

O impacto das transformações tecnológicas no dia a dia das pessoas é de uma rapidez sem precedentes. Essa aceleração traz em seu bojo uma mudança de valores, e talvez, a mais significativa delas se remete ao fato de que, nos últimos 50 anos, estamos assistindo a um questionamento dos valores que estruturam a civilização ocidental. Tanto é que Lima Vaz nomeia os tempos atuais como "civilização pós-cristã"[1], pois os valores gregos, juntamente com os

---

[1] LIMA VAZ, Henrique Cláudio de. *Escritos de Filosofia III*: Filosofia e Cultura. São Paulo: Edições Loyola, 2002, p. 234.

valores defendidos pela mensagem bíblica, que foram a base do ocidente, hoje estão sendo questionados e substituídos por outros. Se a importância do vínculo social era a base da organização da sociedade, hoje assistimos a um desmantelamento do vínculo dessa ordem como modo de ser baseado no princípio do indivíduo: primeiro eu, depois o outro. Ora, essa mudança de rota tem consequências dramáticas na vida cotidiana. "No desenrolar do dia a dia, a maioria das relações são descomprometidas: a televisão, a internet, os *chats*, os fóruns, o telefone celular são meios de estar presente sem estar, e de interromper uma relação a seu bel-prazer, simplesmente desligando a tela"[2]. Assim, segundo Le Breton, o vínculo social deixa de ser uma exigência moral, para ser algo facultativo. Hoje, "o que prevalece é a disfunção, cada um tendo de fazer valer sua particularidade junto a uma instância do geral"[3]. O impacto desse novo modo de ser vai gerar novos tipos de sofrimentos e angústias na vida das pessoas. Vão aparecer novas formas de adoecimento, que necessitarão de novos tipos de cuidados. Tentar encontrar novos métodos de ajuda capazes de captarem as raízes profundas desses sofrimentos passa a ser o grande desafio do psicólogo clínico.

Dividiremos nossa exposição em três partes. Em primeiro lugar, apresentaremos uma pequena reflexão sobre o modo de ser do homem na sociedade contemporânea. Em segundo lugar, tentaremos desvendar as raízes antropológicas desse mal-estar e, finalmente, descreveremos as formas de adoecimento do ser humano dentro do contexto atual.

[2] LE BRETON, David. *Desaparecer de si*: uma tentação contemporânea. Petrópolis: Vozes, 2018, p. 12.
[3] GAUCHET, Marcel. *Un monde désenchanté?* Ivry-sur-Seine. Éditions de l'Atelier, 2004, p. 106, *apud* LE BRETON, David, op. cit., p. 12.

1.1. O modo de ser em uma sociedade globalizada

O mundo mudou muito rápido da metade do século XX até hoje. Um dos pilares da sociedade moderna ocidental, a tecnologia, desenvolveu-se de forma avassaladora. Tanto que alguns pensadores, entre eles M. Heidegger, têm nomeado esses últimos anos como "a era da técnica". De uma maneira geral, significa que cada vez mais vamos assistir à entrada da tecnologia na nossa vida e a nossa dependência em relação a ela. Como exemplo, podemos citar o telefone celular, agora ligado à internet. A grande maioria das pessoas já não consegue viver sem o telefone celular e cada vez mais está dependente dele. Em qualquer atividade em que estejamos engajados – almoçando em restaurante, deslocando-nos de metrô – permanecemos plugados no nosso celular. Vamos assistir a um filme e colocamos o celular no modo vibratório para que possamos dar uma resposta imediata ao chamado. Não temos sossego nem para assistir a um filme, ou mesmo a uma palestra e menos ainda a uma aula. Ninguém consegue desligar-se do seu celular. O celular é, hoje, o cordão umbilical que nos conecta com o mundo sem nenhum critério seletivo desses contatos.

Se antes usávamos a tecnologia para nos ajudar em algumas tarefas do dia a dia, hoje somos dependentes dessa tecnologia. Ela nos escraviza. Essa é a era tecnológica, que veio para ficar. Não dá para imaginar como será nossa vida daqui a 30 anos. O que podemos vislumbrar é que a tecnologia entrará cada vez mais no nosso cotidiano e transformará o nossa maneira de ser.

O nosso modo de viver não é só influenciado pela tecnologia. Sociedade tecnológica é um dos aspectos da civilização atual. Podemos destacar outras características tão marcantes quanto essa. Por exemplo: sociedade do consumo, sociedade industrial vivendo uma nova revolução, sociedade do lazer, etc. É o conjunto desses elementos que condiciona nossa maneira de ser. Entretanto, aqui, destacamos somente o aspecto da tecnologia, mas devemos considerar os vários aspectos apontados acima.

No início do século XX, alguns estudiosos da sociedade contemporânea já nos alertavam para uma grande transformação. Estávamos passando de uma sociedade industrial para uma sociedade pós-industrial. Daniel Beel destacou, em seu livro *O advento da sociedade pós-industrial*,[4] alguns aspectos dessa nova sociedade que chegou para ficar. Se, antes, era a indústria que empregava a maioria da força trabalhadora, hoje, é o setor terciário que se apresenta com maior força. Estávamos assistindo a substituição, nas fábricas e no campo, da mão de obra pela máquina. E, atualmente, tudo está cada vez mais automatizado. São os robôs que fazem um serviço melhor e mais preciso que o homem. Produz-se muito mais com menos pessoas empregadas. Outro exemplo é na aviação. Hoje, o avião é conduzido por computadores que conversam entre si, interpretando os dados e impedindo a intervenção humana. Foi este o motivo do desastre do avião da Air France que ia do Rio para Paris: os computadores de bordo não permitiam uma intervenção do piloto diferente do que estava programado pelo computador.

Hoje, estamos vivendo uma revolução ainda mais radical na indústria. Se, até pouco tempo, o homem fiscalizava o computador que controlava toda a produção, agora é outro computador que controla o primeiro. Vários computadores controlarão tudo. Ao homem basta fiscalizar a conduta dos computadores.

---

[4] BELL, Daniel. *O advento da sociedade pós-industrial*. São Paulo: Cultrix, 1977.

Estamos vivendo a quarta revolução industrial. Assim, assistiremos a um

(...) declínio dos modelos de vida associados à fábrica e à grande indústria; ao surgimento de valores e culturas centrados no lazer; em um papel central do conhecimento teórico, do planejamento social, da pesquisa científica, da produção de ideias e da instituição; no predomínio dos atributos narcisistas que suplantam ou integram os edipianos na estrutura das personalidades individuais.[5]

Mais do fazer algo, hoje, se trabalha para que a máquina faça o serviço humano. É o império da tecnologia. Isso tudo tem consequências práticas. Por exemplo, não precisamos ir a um lugar determinado para trabalhar. Trabalhamos na nossa casa e, mais ainda, em outra cidade ou país. Todo o nosso trabalho é enviado pelo computador. Todo produto da minha produção viaja via internet. Isso nos faz caminhar para uma sociedade cada vez mais globalizada.

Assim, hoje, a pergunta que nos cabe é: qual o impacto de uma era cada vez mais tecnológica na subjetividade humana? Que efeitos essa dependência tem no nosso comportamento?

À medida que o avanço da tecnologia cria aparelhos capazes de substituir o nosso trabalho, a era dos *robots* está começando, temos mais tempo livre para atividades mais prazerosas. O lazer passa a ser um componente mais marcante do que nas gerações passadas. Basta dizer que nossos avós e pais não colocavam, no horizonte da vida, aposentarem-se. Hoje, já entramos no mercado de trabalho fazendo os cálculos de quando vamos nos aposentar. Também no início

---

[5] DE MASI, Domenico. *A sociedade pós-industrial.* 2. ed. São Paulo: Editora Senac, 1999, p. 48.

do ano já verificamos as datas dos feriados, destacando os que nos possibilitam uma pequena viagem. Conhecer vários lugares do mundo passou a ser um item do nosso viver.

Assim, podemos destacar como primeira característica da subjetividade contemporânea o que Enrique Rojas denominou, no seu livro *El hombre light*[6], como uma vida *light*. Estamos inseridos em um mundo construído à base de imagens *high tech*. O impacto imediato é que deixamos de pensar, de refletir, uma vez que tudo é construído à base do imediato e do sensacional. A palavra *"light"* ganha destaque na nossa vida com uma conotação de que o mais importante é curtir a vida e não esquentar muito a cabeça com as questões profundas da existência. A mensagem é simples: "tudo é leve, suave, desafinado, ligeiro, aéreo, fraco e tudo tem baixo conteúdo calórico"[7]. As relações intersubjetivas são vividas na superficialidade. Ninguém quer saber dos valores e sentimentos prioritários de uma vida. A conversa gira em torno dos passeios que se fez, das compras nos shoppings, etc. A superficialidade é o tom das relações de amizade e mesmo das relações familiares. "A vida *light* caracteriza-se pelo fato de que tudo está sem calorias, sem gosto ou interesse; a essência das coisas não importa. Só é quente o superficial"[8].

Segundo Rojas, se tudo é *light*, podemos destacar algumas ações humanas que explicitam essa conotação.[9] A literatura é *light*, isto é, só procuramos ler aquilo que é superficial. Nas escolas, até mesmo nas universidades, os alunos

---

[6] ROJAS, Enrique. *O homem moderno*: a luta contra o vazio. São Paulo: Mandarin, 1996.

[7] ROJAS, Enrique, op. cit., p. 69.

[8] ROJAS, Enrique, op. cit., p. 70.

[9] ROJAS, Enrique. *O homem moderno, a luta contra o vazio*. São Paulo: Editora Mandarin, 1996.

reclamam se o professor apresenta algum texto de leitura que exige um pouco de atenção em seguir os argumentos de um raciocínio. Nem mesmo um texto de jornal, no qual não é necessário estar atento às elaborações conceituais do autor, passa sem reclamação. Ninguém quer pensar. Só interessa o que é direto. Outro exemplo dessa postura é expresso por meio da revista *Caras*, uma revista que só tem imagem e nenhuma reportagem. É a revista preferida das salas de espera dos consultórios médicos. Segundo Rojas, "É a literatura de consumo rápido, sem quase nada denso que mereça realmente nossa atenção, que serve no máximo para combater o tédio de um tarde de férias".[10] O autor ainda completa sua reflexão dizendo que o livro, atualmente, é elaborado para um leitor que não tem cultura e que vive exclusivamente de olho na televisão. A cultura desse personagem é a cultura de massa. Ele só conhece, por exemplo, uma obra de Erico Veríssimo, se essa foi transformada em uma minissérie. Sua cultura é em cultura televisiva, pobre, sem cafeína.

Ainda podemos destacar, nesse modo de vida que ganha cada vez mais força na sociedade, a vivência da sexualidade. Hoje, com as facilidades do advento do controle de natalidade, o homem atual vive de forma mais radical do que antigamente a separação entre a vida afetiva e a vida sexual. Não preciso me engajar afetivamente com alguém para ter uma experiência sexual com o meu parceiro. O outro não é mais visto como o meu parceiro, mas, simplesmente, como um objeto de prazer. O sexo é vivido por meio de um contato superficial com o outro. Está aí o fenômeno denominado como "ficar". O relacionamento com o outro é feito sem nem se importar com o nome da pessoa, com a sua história. "A

---

[10] ROJAS, op. cit., p. 76.

sexualidade sem amor autêntico leva a um vazio gradual que desemboca no tédio, na indiferença e no ceticismo, ou seja, uma atitude descomprometida".[11] É a vivência de uma sexualidade *light*. Esse é o retrato do homem contemporâneo, com

> (...) pensamento fraco, convicções sem firmeza, assepsia em seus compromissos, indiferença *sui generis* feita de curiosidade e relativismo ao mesmo tempo... Sua ideologia é o pragmatismo, sua norma de conduta, a vigência social – que vantagens levar, o que está na moda; etc.[12]

Mergulhado cada vez mais nesse modo de viver, o homem atual passa a dar um valor excessivo ao prazer. Isso não significa que tenhamos que abandonar o prazer. Ele faz parte da estrutura humana. Só que, se antes o prazer era alcançado por meio de uma ação de solidariedade, de um sacrifício pessoal em função do outro, hoje o prazer é só fruição, é só dar vazão às sensações. A consequência imediata é a tirania do prazer, onde a orientação do momento atual predomina sobre a dimensão do futuro tão importante na organização da subjetividade.

A segunda característica da vida moderna é o predomínio de uma atitude individualista. Desde o início dessa era, o princípio individualista passou a ser o elemento estruturante da ideologia contemporânea. Ao longo do tempo, esse princípio foi se radicalizando e, se no início pensávamos na afirmação do indivíduo a partir de uma relação de troca com o outro, hoje essa afirmação passa por uma objetivação do outro. O outro só tem valor na relação com o eu, se

---

[11] ROJAS, op. cit., p. 51.
[12] ROJAS, op. cit., p. 15.

servir para a afirmação do eu. Como exemplo, aproximo-me de uma pessoa apenas se ela vai me "ajudar" a afirmar-me como pessoa.

Esse novo paradigma que explicita a dinâmica da emancipação do indivíduo começou a ser construído no início da idade moderna. O indivíduo passa a ser o valor supremo na compreensão de toda a vida cotidiana, em oposição à tradição, em que a pessoa submetia-se a uma ordem preestabelecida. Assim, a modernidade adotará o indivíduo como o princípio na organização social. Esse desenvolvimento de uma autonomia do sujeito concretiza-se com a implantação da modernidade no fim do século XVIII. Agora, o indivíduo passa a ser compreendido enquanto valor e princípio. "Enquanto princípio apenas o homem pode ser por si mesmo a fonte de suas normas e leis, fazendo com que a normatividade ética, jurídica e política dos modernos se filie ao regime da autonomia".[13]

Essa ideologia ganhou mais visibilidade a partir dos anos 60, quando se instaurou de forma definitiva a sociedade do consumo. Esse tipo de organização social privilegia uma postura individualista. Na maioria das vezes, o consumo é orientado por uma postura egoísta. Exemplo: o carro que compro é para demonstrar o meu *status* econômico, as roupas de grife são para que eu seja visto e valorizado pelos outros. Essa postura do "aparecer", de ser aos olhos dos outros, leva cada vez mais a uma atitude individualista. A ideologia contemporânea consiste em acreditar que só existe o indivíduo. Essa postura é radicalmente afirmada por meio do fenômeno da invisibilidade social, por meio do qual, ao encontrar-me com alguém que presta um serviço

---

[13] RENAUT, Alain. *O indivíduo*: reflexão acerca da filosofia do sujeito. Rio de Janeiro: Difel, 1998, p. 30.

para mim, por exemplo, uma costureira, não a reconheço quando a encontro por acaso em um ambiente social mais sofisticado. Não posso mostrar para os meus pares a minha relação com alguém que um dia prestou um serviço para mim. Nessa perspectiva individualista, falta a compreensão das articulações do indivíduo com todo o seu entorno. Devemos também observar que, hoje, a presença das redes sociais está, cada vez mais, influenciando a nossa maneira de viver. Essa nova forma de organização social já gerou até o termo "cibercultura", "(...) como o conjunto de processos tecnológicos, midiáticos e sociais emergentes a partir da década de 1970, com a convergência das telecomunicações, da informática e da sociabilidade contracultural da época".[14]

Podemos perceber, no impacto das redes sociais na nossa vida, aspectos positivos e negativos. Entre os aspectos positivos, destacamos a recuperação do passado, como, por exemplo, a facilidade de se encontrar os amigos da infância ou do colégio. Mas é significativo destacar os impactos negativos na subjetividade:

> (...) primeiro o sentimento de dilaceramento que envolve uma situação paradoxal entre o que o indivíduo é e o que deseja ser. A segunda é o sentimento de despedaçamento, pois a possibilidade de sentir-se fragmentado existe devido ao resultado das múltiplas representações.[15]

A terceira característica que merece destacar na organização da subjetividade é que cada vez mais o homem

---

[14] CASTELLS apud ROSA, Gabriel; SANTOS, Benedito. Repercussões das redes sociais na subjetividade de usuários: uma revisão crítica da literatura. *Temas em Psicologia*, v. 23, n. 4, 2015, p. 914.

[15] ROSA; SANTOS, op. cit., p. 923.

moderno está plugado nas redes sociais. Esse fato provoca um fenômeno próprio do século XXI: a vida de ficção toma o lugar da vida real. As relações reais passam a ser substituídas pelas relações virtuais. Hoje, sou capaz de inventar um personagem para relacionar-me com o outro. Às vezes, em um bate-papo virtual, desempenho um personagem que não tem nada a ver comigo, só para curtir a ligação com o outro, mascarando assim a minha identidade. Construo uma imagem de mim mesmo fictícia e que com o tempo passo a assumir, pois começo a acreditar no meu personagem que é referendado pelo outro. O *fake* vai se tornando verdade.

Ora, a consequência desse tipo de postura é a construção de uma identidade fragmentada, pois construo diferentes imagens de mim mesmo para o outro, dependendo dos diferentes ambientes e circunstâncias sociais em que estou inserido. As redes sociais contribuem para a elaboração de identidades fragmentadas, em que cada um se perde no emaranhado de personagens criadas. A imagem de si, do eu, está muito atrelada a esse contexto instável e volátil. Estamos numa era em que as mentiras passam uma credibilidade ao outro e eu começo a viver a partir do personagem criado nas redes sociais.

1.2. Impacto antropológico do modo de ser da contemporaneidade

Essas três características do modo de ser da subjetividade apontadas – vida *light*, postura individualista e plugar-se nas redes sociais – provocam um impacto na organização da vida humana, fenômeno nomeado de "alienação", que nada mais é do que o obscuramento do ser, um apagamento da nossa maneira original de ser, um afastamento do que é mais próprio da pessoa. Os sintomas desse afastamento podem ser os mais variados, indo das depressões até a doença de Alzheimer, entendida como um desaparecer de sua própria existência. Do ponto de vista da filosofia da existência, esse afastamento do núcleo pessoal é percebido como a eclipse do ser. Do ponto de vista clínico, podemos denominar esse fenômeno como um desaparecer de si[16]. O mundo contemporâneo é de uma exigência ímpar, impondo ao homem desempenhos para além de sua vontade e de sua capacidade. Ele tem que estar sempre atento às mudanças e às novidades apresentadas pela sociedade. E, ao estar ligado a tudo que o envolve, sente-se saturado pelas exigências do desempenho. Assim, o desaparecer de si é um breve esquecimento do entorno, mesmo que seja de uma forma leve, menos dolorosa, como uma doença crônica de uma desarticulação psíquica.

A subjetividade contemporânea mostra-se como um "desfazer-se enfim de si, mesmo que por um instante"[17]. Esse desaparecer de si é às vezes compreendido como uma atitude egoísta, pois essa postura explicita uma vontade de "abandonar o jogo, de se desligar das paixões comuns, e se deixar de ser levado a contragosto por elas"[18], que muitas vezes é entendida como um isolamento em relação ao vínculo social. No fundo de nós mesmos estamos tentando sair de uma vida "inautêntica" para algo que dê um significado à existência. Entretanto, essa saída acaba sendo um mergulho na obscuridade, e não o caminho para o encontrar-se.

---

[16] Um excelente livro que explicita as mais variadas formas, umas mais brandas, outras mais dramáticas, de uma fuga do núcleo existencial da pessoa é: LE BRETON, David. *Desaparecer de si*: uma tentação contemporânea. Petrópolis: Editora Vozes, 2018.
[17] LE BRETON, David, op. cit., p. 18.
[18] LE BRETON, David, op. cit., p. 17.

O impacto antropológico é entendido como: em quais dimensões estruturais da vida humana o esquecimento do ser provoca uma desorganização existencial. Vamos nos ater a três: perda do sentido, destruição da interioridade e eclipse da alteridade. É nesses três aspectos vivenciais que reside o núcleo de sofrimento do homem moderno.

Viver na contemporaneidade é estar bombardeado de informações a todo instante e em qualquer lugar que se esteja. Com o desenvolvimento da internet, não conseguimos encontrar momentos de descanso. Não se vive sem um celular conectado à rede. Dormimos com o celular ligado no nosso criado mudo. Parece que até dormindo temos que responder aos apelos dos outros. A consequência imediata desse fato é que não conseguimos encontrar o nosso eixo existencial, pois estamos sempre respondendo às demandas do ambiente em que vivemos. Dessa forma, o referencial da nossa vida está fora de nós e, o mais grave, em contínua mudança, própria da sociedade atual. A direção que deveria nortear nossa vida encontra-se confusa, o homem perde a direção da vida. O sentido é o aspecto da vida responsável pela direção da existência. O que se verifica é que o homem não encontra tempo para qualificar essa direção. Ter sentido é ter um caminho claro nesse emaranhado de direções propostas pela sociedade. O que assistimos em nossos consultórios é um homem desorientado e desiludido com aquilo que pode realizar a sua vida. Experimentamos a perda do sentido da vida. "A crise de sentido não é uma crise entre outras, mas é a crise fundamental, que atravessa todas as outras crises e as condiciona. Trata-se de uma crise qualitativamente diferente das outras"[19].

[19] BOFF, Clodovis. *O livro do sentido*: crise e busca de sentido hoje. (Vol. I). São Paulo: Paulus, 2014, p. 137.

Ao longo de toda a história do Ocidente, essa questão do sentido foi um desafio, pois o homem não pode deixar de responder a essa questão existencial. Na Antiguidade, na forma de se pensar a vida, a resposta ao problema do sentido está implicitamente respondida. Na visão medieval, pelo do fato do homem viver em uma sociedade organizada pela religião, o sentido era aceitar os desígnios de Deus. Dessa forma, fazia-se de tudo para cumprir os mandamentos, e assim a vida tinha uma direção.

Hoje, com o predomínio do princípio do indivíduo, o homem tem que construir o seu próprio sentido. O desafio é, assim, encontrar uma direção para o viver. Agora, é o próprio homem que constrói o seu sentido. Entretanto, como dissemos, o sentido é uma questão estrutural da vida humana; ninguém vive sem sentido. Dessa forma, se o homem não construir o sentido na sua existência, a sociedade e o contexto cultural o farão. Com o predomínio do niilismo, o sentido está sendo questionado e, com isso, a crise instaura-se de forma mais aguda, levando o ser humano a uma desorientação sem precedentes na história da humanidade.

Estruturar o sentido da vida nesse emaranhado de direções apontadas pela sociedade contemporânea é o grande desafio para o ser humano. É, também, a grande fonte de sofrimento existencial.

O segundo impacto na estruturar humana, e que também é geradora de sofrimento, é o fenômeno da "destruição da interioridade". O mundo moderno está voltado para a exterioridade. Para sermos reconhecidos temos que continuamente nos exibirmos. A nossa identidade é moldada pelo olhar do outro. Essa é a sociedade da aparência. Deixamos de voltar o olhar para dentro de nós, para os sentimentos e as atitudes que dão consistência ao nosso ser. Vivemos na superficialidade. Estamos, sempre, correndo atrás daquilo que o outro valoriza, pois ser visto pelo outro é o fato mais importante e significativo da vida. O movimento brutal da pós-modernidade, dos últimos 50 anos, é a desconstrução, a destruição da interioridade, por meio de exposição no *Facebook* e nos *blogs*. A sociedade da aparência domina o nosso quotidiano. A exterioridade predomina na vida do homem supermoderno. O que tem valor é o que aparece em termos visuais para o outro. Vários fenômenos mostram essa destruição da interioridade. O mito do corpo perfeito e a busca da saúde exterior são exemplos desse fenômeno. Hoje, o valor que se dá à estética é imenso, provocando uma corrida desenfreada para a elaboração da aparência física. As academias aparecem como um dos ramos mais lucrativos – em cada quarteirão há uma ou duas delas. As pessoas buscam exercícios de musculação para aperfeiçoarem a sua forma física. Também o predomínio das dietas é outro fenômeno do vazio interior no momento em que assistimos à propaganda – "emagreça sem esforço!" O culto do corpo exterior deixa de lado o corpo interior, a interioridade, a intimidade.

    O cultivo do recolhimento, do secreto pessoal, não é cultivado. O exemplo desse fenômeno é o programa que se tornou uma febre a alguns anos atrás, mas que no Brasil continua com muitos adeptos, o *Big Brother*. Ali, as pessoas vendem-se como uma mercadoria, em 24 horas de exposição aos olhos dos outros. A vida é uma grande exibição. Pior, ainda, são as pessoas que pagam para ficar plugadas o tempo todo no não fazer nada da vida dos participantes. Para quem participa, a fama e, como consequência, o prêmio, é o mais importante. Ser reconhecido como um membro do programa de número 2, ou do 5, é o sentido da vida.

    O terceiro impacto é percebido pelo esvaziamento das relações interpessoais. Não estamos falando do desaparecimento das relações humanas, pois só nos estruturamos em uma comunidade humana. O fenômeno aqui apontado é da objetificação do outro, em que só me relaciono com outro ser humano se ele puder proporcionar-me algum tipo de satisfação ou ser-me útil em um projeto pessoal. Aproximo-me de um professor não porque posso aprofundar um contato humano, mas se vejo nele alguém que pode conseguir-me uma bolsa de estudo. O outro está reduzido à mera utilidade. Esse eclipse da alteridade manifesta-se de forma mais acentuada na perda da intimidade nos relacionamentos atuais. A intimidade é construída a partir de relacionamentos nos quais a aceitação do outro é fundamental. É construir um relacionamento sólido no qual o outro é visto como parceiro na construção de uma história pessoal. Como fala Giddens, a intimidade "(...) não significa ser absorvido pelo outro, mas conhecer suas características e tornar disponíveis as suas próprias. Paradoxalmente, a abertura para o outro exige limites pessoais, pois é um fenômeno comunicativo; exige também sensibilidade e tato".[20] A perda dessas relações que se baseiam na intimidade é uma das facetas do eclipse da alteridade. O outro não é considerado por mim como pessoa, mas simplesmente como um objeto, como alguém que não é cultivado pela sua interioridade, mas pela sua aparência.

    Nesse tipo de relacionamento vazio de intimidade a experiência da confiança fica comprometida, pois esse sentimento só brota a partir de uma relação sólida intersubjetiva. Os esvaziamentos das relações sexuais na contemporaneidade é a mostra desse enfraquecimento da intimidade.

    A eclipse da alteridade manifesta-se, também, por meio da desistência do vínculo social, pois o "desmantelamento

---

[20] GIDDENS, Anthony. A transformação da intimidade. São Pulo: Editora Unesp, 1993, p. 106.

do vínculo social isola cada indivíduo e o entrega a sua liberdade, à fruição de sua autonomia ou, ao contrário, a um sentimento de insuficiência, a seu fracasso pessoal"[21]. Esse indivíduo manteve-se na superficialidade do contato social sem se engajar, sem estabelecer uma relação humana de troca de conteúdos subjetivos, isto é, sem viver a intimidade pessoal. Ele vive ao lado do outro sem interagir com ele. Ele nunca se entrega ao outro. A relação de intersubjetividade é esvaziada. Isto também se exprime na indiferença para com o semelhante. Manter-se à margem dos movimentos que fortalecem o vínculo social é uma postura de "manter-se à distância das interações ou de só participar deles de modo impessoal"[22].

Esses três impactos antropológicos, explicitando a eclipse do ser, nos jogam diante de um grande desafio para o psicólogo clínico a saber: que modelo teórico de psicoterapia será capaz de abordar essas questões e ajudar o ser humano a enfrentar o seu mal estar.

1.3. O Adoecimento no mundo atual

Diante desse quadro levantado, resta-nos tentar explicitar algumas diretrizes do adoecimento hoje. Partimos sempre de que o adoecer é um sintoma de como levamos a nossa vida, isto é, de como organizamos o nosso viver dentro da sociedade em que estamos mergulhados. O adoecimento, além de expressar o nosso posicionamento pessoal diante da vida, tem também um aspecto social, isto é, revela uma forma do contexto social pressionar nossa vida. Cada época histórica tem

[21] LE BRETON, David. op. cit., p. 9.
[22] LE BRETON, David. op. cit., p. 34.

as suas formas de adoecimento. Podemos dizer que no início do século XX, devido a uma repressão da sexualidade, Freud deu importância à histeria. Hoje, as formas são outras e estão ligadas à comunicação, à relação que o eu estabelece com o outro. Anuncia-se uma época de novos conflitos decorrente do esvaziamento da alteridade e da intersubjetividade.

Ora, se de um lado o homem atual, ao viver nessa sociedade paradoxal, explicita o esvaziamento da alteridade, por outro, a exigência de se autocentrar cada vez mais exige uma "performance" que levará, ao extremo, à exaltação do Eu, de um Eu que não se estrutura a partir da comunicação com o outro, mas em desempenhar papéis que sejam glorificados pela sociedade. O que define a psicopatologia contemporânea "(...) é o destaque conferido a quadros clínicos fundados sempre no fracasso da participação do sujeito na cultura do narcisismo".[23] Esse dilema do desempenho do Eu e, consequentemente, o esvaziamento da intersubjetividade estão na base do sofrimento do homem do início do século XXI. Os sintomas neuróticos cederam lugar às desordens do Ser, da estrutura mais profunda do nosso eu.

É a partir desse clima que podemos entender os sintomas e, consequentemente, o sentido do adoecer na atualidade. O adoecer vem como resultado do fato do homem de hoje ser mais legislador do que o homem antigo. Isto é, é ele que dá rumo à sua existência, mas também sofre mais com a pressão de como a sociedade se organiza. Isso gera um homem mais frágil, que não mais cultiva o amor, a amizade, o afeto gratuito, mas que só pensa em desfrutar da vida por meio de "festas" e "badalações", propiciando um sentimento de vulnerabilidade.

---

[23] BIRMAN, Joel. *Mal-estar na atualidade*. Rio de Janeiro: Civilização Brasileira, 2001, p. 164.

1.3.1. O pathos (Mal-Estar) contemporâneo

Se olharmos para o sofrimento do homem atual, vamos encontrar as mais variadas expressões do seu incômodo no mundo. A desilusão diante de projetos de vidas sonhadas, o isolamento afetivo e desamparo social, os conflitos conjugais e sexuais, os estados profundos de depressão, os pensamentos suicidas, as agressões gratuitas aos outros e as drogadições são a ponta do iceberg que representa o adoecimento do homem hipermoderno.

Queremos ir um pouco mais longe. Deixar de lado esses sintomas que aparecem e nos perguntar sobre o que está por baixo, isto é, o que sustenta a parte visível do iceberg. Podemos desvendar duas camadas mais profundas nessa figura. A primeira, a nomearei de mal-estar contemporâneo do *pathos* hodierno. A segunda, as formas existenciais de adoecimento do homem do século XXI.

O mal-estar contemporâneo é vivenciado de uma forma mais intensa ou mais leve por todos nós mergulhados nessa sociedade ocidental. Cada um de nós, mesmo que busquemos de forma consciente escapar dessa dinâmica, acabamos, talvez de uma forma mais branda, vivendo o *stress* e o *burn out*. Esse horizonte difuso é experimentado por cada um, na medida em que mergulhados em uma sociedade que exige uma performance em toda as dimensões da vida. Estamos correndo atrás de um desempenho que nos aliena e nos adoece. A grande questão é como administrar essas variáveis da vida.

O ritmo e as exigências da sociedade nos impõem respostas mais rápidas e eficientes diante das questões práticas da vida. Não se vive mais sem *stress*. Temos que aprender a administrá-lo. Não se pode viver sem *stress* numa sociedade exigente demais. Esse é um paradoxo. Temos a impressão de que estamos vivendo tempos de distendimentos com muitas viagens, férias em praias paradisíacas, etc., mas estamos sempre correndo atrás de demonstrar para os outros que nossas férias foram muito bem curtidas. O que não percebemos é que no período de férias não distendemos o nosso ritmo do dia-a-dia. Imprimimos um esforço desgastante ao organismo em vez de nos distendermos. É comum ouvir: "Voltei mais cansado das férias". Nos feriados de quatro dias gastamos dois dias de viagem – entre ida e volta – mais na estrada do que no hotel ou na pousada.

O stress altera e põe em descompasso especialmente o hipotálamo, provocando severas alterações fisiológicas – sobretudo hormonais. O sistema nervoso autonômico e a glândula pituitária são acionados; as glândulas supra-renais entram em estafante produção de adrenalina e corticosteróides – principalmente cortisona – os quais lançados na corrente sanguínea seguidamente podem comprometer a totalidade do equilíbrio orgânico. Tais hiperfunções glandulares podem conduzir a uma queda do sistema imunológico, expondo suas vítimas a alergias e infecções; afinal, desregulados o timo e as glândulas linfáticas, dá-se sensível diminuição de glóbulos brancos no sangue e a saúde física fica vulnerável.[24]

O que se pode verificar é que o equilíbrio do funcionamento psicofísico vem se tornando cada vez mais difícil na sociedade hipermoderna. Frente a esse desequilíbrio, a vida atual está cheia de exigências que provocam incertezas e inseguranças. Estas, por sua vez, geram o fenômeno deno-

---

[24] Explicações sobre o que é estresse do livro de LIPP, Marília e outros, Como enfrentar o stress. Campinas/São Paulo, Editora da Unicamp/ Ícone, 2. ed., 1987, p. 20-22, citada por MORAIS, Regis. Stress existencial e sentido da vida. São Paulo, Edições Loyola, 1997. p. 22.

minado "estresse existencial", que é uma reação de sentido diante das exigências absurdas dos novos tempos: "Trata-se de um conjunto complexo de sociopatias que, é claro, agudizam muito as manifestações do *stress* neuropsíquico".[25] A dinâmica anímica passa a ser expressa no corpo, e com isso o estresse existencial torna-se somatizado. O estresse existencial caracteriza-se como uma forma patológica da pobreza, da falta de sentido próprio da sociedade atual.

O segundo mal-estar difuso presente no nosso dia a dia é a exaustão ou o fenômeno denominado "Burn out", ou esgotamento. A exaustão nos faz sentir vazios e ressecados. É preciso fazer a distinção entre esgotamento e cansaço. O cansaço advém de um esforço que, no instante que gera prazer, nos confere bem-estar, como, por exemplo, gostar de dar aulas. O esgotamento é o contrário; advém de uma exigência do organismo para uma atividade na qual a obrigação predomina, como, por exemplo, trabalhar oito horas por dia num serviço que não nos agrada. Assim, trabalhar até a exaustão não nos proporcionará bem-estar, e sim insatisfação.

Podemos indagar: quais as fontes interiores que nos levam à exaustão? É possível numerar todas? Não. As fontes são quase infinitas. Entretanto, tentaremos explicitar algumas, sabendo ser impossível esgotarmos o assunto. Quase todas as fontes da exaustão são atitudes que brotam de um movimento interior decorrente das exigências da sociedade atual, isto é, da pressão sociocultural sobre o desempenho do Eu.

Estamos numa sociedade competitiva, em que todos os dias nos sentimos pressionados a um desempenho que nos exige sempre mais. A ambição de sempre superar os outros e nunca se contentar em desenvolver sua potencialidade leva

---

[25] MORAIS, op. cit., p. 29.

a pessoa a sacrifícios imensos. É importante lembrar que certa dose de ambição é benéfica na vida. A questão está no sentido de que "a ambição pode se tornar uma prisão interna da qual é difícil escapar. Ambição tem a ver com avidez. Estar ávido por honra, reconhecimento, reputação e popularidade. Quem se deixa conduzir pela ambição perde contato consigo mesmo"[26].

Uma segunda fonte de esgotamento é continuamente "querer provar algo a si mesmo, pois estaríamos, nesse caso, girando em torno de nó mesmos, de nossa reputação, de nosso sucesso de reconhecimento"[27]. O exemplo mais claro é que devemos provar ao outro que somos a melhor opção para ele, já que, como somos um bom terapeuta, o outro fez a melhor escolha quando procurou os nossos serviços. Quando damos uma conferência, temos de satisfazer a todos. Correr sempre atrás do melhor desempenho para que se possa sentir valorizado esgota um ser humano. Procurar satisfazer a todas as pessoas do nosso relacionamento e ser amado por todos nos leva ao esgotamento, uma vez que se está exigindo algo para além do nosso limite. A carência afetiva é um dos motores interiores que mais nos escraviza, uma vez que sempre estamos a fazer algo além de nossa capacidade a fim de ganhar a atenção do outro.

1.3.2. O Adoecimento Existencial hoje

As tarefas que a sociedade contemporânea nos apresenta muitas vezes nos levam para caminhos que nos afastam do nosso núcleo pessoal. Como dissemos, o fenômeno

---

[26] GRÜN, Amselm. Fontes da força interior. Petropolis, Editora Vozes, 2007, p.22.
[27] GRÜN, Amselm. Op. cit., p.23

"desaparecer de si", próprio da sociedade contemporânea, nomeado por David Le Breton, expressa muito bem o deslocamento para questões periféricas da existência, dificultando o cultivo do que é mais necessário para a realização humana, como, por exemplo, a elaboração do sentido da vida, a preparação para a morte, etc. Essas questões são colocadas "debaixo do tapete", como se fossem questões que trariam sofrimento.

A sociedade atual é uma sociedade que não cria espaço para o cultivo da interioridade e, como consequência, só dá atenção a questões periféricas da vida, como se a felicidade estivesse só em consumir, em viver de baladas, etc. Esse tipo de valorização esvazia o eu.

O primeiro tipo de adoecimento existencial é o vazio.[28] Hoje, como um tipo de sociedade cada vez mais centrada no Eu e com o esvaziamento da alteridade e das relações interpessoais, o vazio aparece como uma patologia que espelha a confrontação do sujeito com o real e consigo mesmo, mostrando a falta de perspectiva de vida.

É importante destacar na compreensão do vazio sua dimensão antropológica e a sua dimensão social. Como todo adoecimento tem também um componente social, é significativo observar em que medida o contexto social tem impacto no problema do sentido, componente antropológico.

A sociedade atual também pode ser designada como uma sociedade do lazer, na qual a valorização da quantidade sobrepõe-se ao aspecto da qualidade. Como exemplo, podemos mencionar novamente o fenômeno hoje denominado "ficar". Não se trata, aqui, de nenhum juízo de valor.

---

[28] Remeto o leitor a outro artigo, "Pós-modernidade e vazio existencial", publicado em GIOVANETTI, José Paulo. *Psicoterapia fenomenológico-existencial*: fundamentos filosófico-antropológicos. Rio de Janeiro: Editora Via Verita, 2017, p. 115-129.

Somente uma constatação. O jovem gaba-se de ter ido a uma festa e "ficado" com cinco garotas. Sai da festa e não sabe nem o nome delas. É diferente de desfrutar a festa ao lado de uma pessoa e relacionar-se com ela, estabelecer um contato interpessoal – mas, não, o importante é o predomínio da quantidade sobre a qualidade.

Essa sociedade do lazer também dá importância aos valores sensíveis, destacando a aparência e a superficialidade. Todo esse conjunto de fatores tem impacto na identidade da pessoa, minando de força sutil o eu.

O componente antropológico é a perda de sentido, que estará subjacente também à vivência do tédio e da apatia. Entretanto, em cada uma das formas existenciais de adoecimento, a falta de sentido manifestar-se-á diferentemente.

Aqui, no vazio, o sentido pode se expressar como uma crise de identidade fundamentada na desorientação de falta de rumo na vida.

O sentido é, como dissemos, o farol da existência, o rumo da vida. É necessário que eu construa o sentido a partir de uma convicção interna de finalidade de vida, no momento em que aposto sempre em algo exterior, nas coisas que me rodeiam. Coloco nos objetos, aqui, no caso, na diretriz oferecida pela sociedade do lazer como o que sustentará minha vida. A ausência de um rumo interno que dê significado ao ato provocará o vazio. Esse tipo de sociedade coloca-nos tanto a distração que nos esquecemos de olhar para dentro de nós mesmos e de nos perguntarmos sobre o que é o mais importante na vida.

A segunda forma de adoecimento existencial é o tédio. A atual sociedade designada como "sociedade do consumo" contribui para o surgimento desse sofrimento humano. Bauman explicita que "(...) na sociedade dos consumidores ninguém pode se tornar sujeito, sem primeiro virar mercadoria".[29] A existência humana nessa sociedade esvai-se de seu conteúdo humano e torna-se uma mercadoria a mais para ser consumida.

O exemplo típico de como nos transformamos em mercadoria é o programa *Big Brother*, que, por incrível que pareça, atingiu o 19º ano. Nele, a identidade de cada um é construída em cima da possibilidade de ser famoso, ganhando um prêmio milionário. No fundo, as pessoas estão sendo vendidas aos telespectadores. Assistimos, mais uma vez, o predomínio da exterioridade sobre a interioridade, que provoca um esvaziamento do eu.

Aqui, o componente antropológico também é a perda de sentido, mas, agora, expresso por meio do desaparecimento da finalidade da vida. Podemos nomear como o eclipse dos fins, em que o momento presente tem o seu predomínio. A realização pessoal não se estrutura em algo que dê sustentação à vida, mas em algo momentâneo, o império do presente. Essa valorização da sensibilidade, da curtição do momento atual, leva ao esvaziamento da dimensão espiritual do ser humano, responsável pela elaboração do sentido.

A terceira forma de adoecimento existencial própria dos tempos atuais é a apatia. O termo "apatia" destaca, por meio do seu significado, um entorpecimento, isto é, um sentimento de insensibilidade emocional, uma falta de ânimo, de energia. Assim, a apatia não pode ser compreendida como indiferença, mas com a falta de investimento emocional no que se faz, no que se engaja.

O componente antropológico é também a perda de sentido que, aqui, no caso, manifesta-se pela desintegração do projeto de vida. Muitas vezes, a profissão que temos não

---

[29] BAUMAN, Zygmunt. *O amor líquido*: sobre a fragilidade dos laços afetivos. Rio de Janeiro: Zahar Editora, 2004, p. 20.

nos traz satisfação. Daí que não investimos mais na profissão, buscando um aperfeiçoamento, uma qualificação melhor. Para que investir na minha profissão, se ela não me traz realização? Essa indiferença na esfera pessoal também se estende para a esfera política. Para que votar nos políticos se são todos corruptos e não vão mudar a realidade? Imagino que, se no Brasil o voto fosse livre, como é em vários países da Europa, o nível de abstenção seria muito alto, como é nos países do primeiro mundo.

> O vazio do sentido, a derrocada dos ideais, não levou, como se poderia esperar, a mais angústia, a mais absurdo, a mais pessimismo. Essa maneira de ver ainda religiosa e trágica é desmentida pelo surto de apatia de massa, da qual as categorias de saúde e doença são incapazes de dar conta.[30]

Essa cultura de indiferença é o componente social da apatia:

> Essa indiferença se manifesta por meio de uma sociedade que não contribui em nada para a construção de laços humanos mais fortes, leva o homem indiferente a não se apegar a nada, pois não tem uma certeza absoluta, está preparado para tudo e suas opiniões são susceptíveis de modificações rápidas.[31]

Outra característica social que leva ao crescimento da indiferença, ao desinvestimento emocional é a proposta de uma vida *light*. Para Rojas, "(...) a vida 'light' caracteriza-se pelo fato de que tudo está sem calorias, sem gosto e sem interesse; a essência das coisas não importa, só é quente o

---

[30] LIPOVETSKY, Gilles. *A era do vazio*: ensaio sobre o individualismo contemporâneo. Lisboa: Relógio D'Água, s/d., p. 35.
[31] LIPOVETSKY, op. cit., p. 42.

superficial".[32] Ora, este tipo de comportamento proposto pela sociedade do consumo e do lazer gera nas pessoas uma atitude de não esforço diante de nada. "Deixa a vida nos levar". O investimento emocional em projetos não vale a pena. Importa é viver sem esforço.

A reflexão apresentada destacou a importância de se ter uma compreensão do contexto contemporâneo, no caso, o início do século XXI, para o impacto no modo de vida do homem hipermoderno. Só entendendo as forças presentes na organização social que influenciam a subjetividade é que podemos ter clareza maior sobre os tipos de adoecimentos próprios da época atual.

É necessário ultrapassar os sintomas apresentados e nos debruçarmos sobre o impacto antropológico desse contexto social. Só assim, ao destacarmos as raízes antropológicas e sociais, pode-se ter uma melhor compreensão da vida humana nessa sociedade cada vez mais tecnológica.

Referências

BAUMAN, Zygmunt. *O amor líquido*: sobre a fragilidade dos laços afetivos. Rio de Janeiro: Zahar Editora, 2004.

BELL, Daniel. *O advento da sociedade pós-industrial*. São Paulo: Cultrix, 1977.

BENASAYAG, Miguel. *Clinique du mal-être*. La "psy" face aux nouvelles souffrances psychiques. Paris: La Découverte, 2015.

BIRMAN, Joel. *Mal-estar na atualidade*. Rio de Janeiro: Civilização Brasileira, 2001.

BOFF, Clodovis. *O livro do sentido*: crise e busca de sentido hoje. (Vol. I). São Paulo: Paulus, 2014.

[32] ROJAS, op. cit., p. 70.

DE MASI, Domenico. *A sociedade pós-industrial*. 2. ed. São Paulo: Editora Senac, 1999.

GAUCHET, Marcel. *Un monde désenchanté?* Ivry-sur-Seine: Éditions de l'Atelier, 2004.

GIDDENS, Anthony. *A transformação da intimidade*. São Paulo: Editora Unesp, 1993.

GIOVANETTI, José Paulo. *Psicoterapia Antropológica*: as contribuições de Binswanger e Gendlin. Belo Horizonte: SPES Editora, 2018.

GRÜN, Amselm. *Fontes da força interior*. Petrópolis, Editora Vozes, 2007.

LE BRETON, David. *Desaparecer de si*: uma tentação contemporânea. Petrópolis: Vozes, 2018.

LIPOVETSKY, Gilles. *A era do vazio*: ensaio sobre o individualismo contemporâneo. Lisboa: Relógio D'Água, s/d.

LIMA VAZ, Henrique Cláudio de. *Escritos de Filosofia III*: Filosofia e Cultura. São Paulo, Edições Loyola, 2002.

MORAIS, Regis. Stress existencial e sentido da vida. São Paulo, Edições Loyola, 1997.

RENAUT, Alain. *O indivíduo*: reflexão acerca da filosofia do sujeito. Rio de Janeiro: Difel, 1998.

ROJAS, Enrique. *O homem moderno*: a luta contra o vazio. São Paulo: Mandarin, 1996.

ROSA, Gabriel; SANTOS, Benedito. Repercussões das redes sociais na subjetividade de usuários: uma revisão crítica da literatura. *Temas em Psicologia*, v. 23, n. 4, 2015.

Sobre as dores de existir: uma introdução à psicopatologia em Gestalt-terapia

Claudia Lins Cardoso

No mundo ocidental contemporâneo, vivemos em uma sociedade que tem o individualismo como uma de suas características mais marcantes: é o egocentrismo exacerbado se opondo à alteridade, ao reconhecimento e à legitimação do outro, à perda da capacidade empática. Assim, a primazia das sensações, a ênfase do "ter" sobre o "ser" (consumismo), as relações em redes, a busca incessante pelo prazer (hedonismo) que muitas vezes leva ao uso abusivo do álcool e de drogas, a desvalorização dos interesses públicos em detrimento dos interesses privados e a hiperconectividade são algumas das características dos tempos atuais.

Bauman (2001) descreve esses matizes da sociedade no seu conceito de "modernidade líquida", numa referência à qualidade de fluidez dos líquidos, que não lhes permite suportar uma pressão sem deformação, acarretando, com isso, uma alteração contínua em sua forma a cada tensão sofrida. Do mesmo modo como os líquidos não possuem uma "liga" que garanta certa estabilidade, como acontece em tudo que é sólido, para este autor essa é a uma das mais fortes características da modernidade, nos mais variados âmbitos.

Portanto, o que seria uma vantagem dessa flexibilidade, por se tratar de um padrão permanente, acaba se caracterizando como instabilidade e incerteza, culminando em insegurança e em uma diversidade de sofrimentos: o que é agora é agora, e possivelmente não será mais amanhã. Assim, tudo é efêmero e descartável, inclusive os relacionamentos: "Os vínculos humanos são confortavelmente frouxos, por isso mesmo, terrivelmente precários" (BAUMAN, 2007, p. 30).

Essa conjuntura gera impactos profundos na existência humana e, consequentemente, na qualidade das relações interpessoais. Portanto, qualquer que seja a abordagem psicológica que se ocupe de apreender o homem em sua multiplicidade de aspectos, torna-se necessário refletir sobre os impactos desta sociedade em sua existência. A Gestalt-terapia, em sua fundamentação antropológica, compreende o homem como um ser de possibilidades, dotado de liberdade para escolher sua essência a cada instante, consumando, assim, seu projeto de vida e de ser-no-mundo. Coerente com sua raiz existencial, o ser humano é concebido como abertura para o outro, e só se constitui como pessoa enquanto está em conexão com o mundo, dando-lhe um sentido. Em suma, ele é inexoravelmente, um ser-em-relação.

Nesse sentido, se para ser a pessoa precisa se relacionar, ao se encontrar nesse ambiente marcado pela individualidade excessiva, em que elas valorizam o que lhes dá prazer e *status*, com pouca disposição para investir em relações duradouras (a despeito da facilidade em se conectar com pessoas pelo mundo afora, principalmente por meio das redes sociais), tais discrepâncias causam crises e sofrimento de diversas naturezas. Falta de sentido de vida, vazio existencial, solidão, senso de identidade fragilizado, dificuldade, ou até mesmo incapacidade de se reconhecer no seu mundo próprio como protagonista de sua própria vida, são algumas experiências do homem contemporâneo que chegam aos consultórios psicológicos, revestidos em uma gama de sintomas ricamente descritos nos manuais de psicopatologia.

É em consideração à repercussão deste contexto atual nas diversas formas de adoecimento existencial que se originou o presente texto. Ele pretende introduzir algumas reflexões sobre o sofrimento humano e a psicopatologia à luz da Gestalt-terapia, especialmente a partir das contribuições de alguns gestalt-terapeutas da atualidade, cujos estudos sobre estes temas, fundamentados nos pressupostos da Fenomenologia e na teoria de Campo, podem ser de grande valia para a prática clínica.

Sofrimento: experiência comum a todos nós

Toda abordagem psicológica, e consequentemente psicoterapêutica, é sustentada por uma fundamentação filosófica que permite a apreensão do ser humano a partir de uma de suas múltiplas facetas ou dimensões: corpo, cognição, comportamentos, ser de relação, papéis, consciência-inconsciente, dentre tantas outras. Cada um desses aspectos permite uma compreensão particular acerca do desenvolvimento humano (como ele cresce e se desenvolve ao longo do seu ciclo vital), da constituição de sua personalidade (incluindo a formação de sua identidade e uma concepção de saúde), de uma teoria de psicopatologia (uma concepção de formas de adoecimento) e a elaboração de uma metodologia psicoterapêutica, a qual deve ser epistemologicamente coerente com a concepção de pessoa da qual se partiu. Assim, no que tange à psicopatologia, podemos afirmar que haverá tantas perspectivas quantas forem as concepções de homem adotadas, o que a caracteriza como uma área de grande complexidade e amplitude e, muitas vezes, com teorias contraditórias.

Em 1951, na abertura da obra que marcou o início da Gestalt-terapia, *Gestalt Therapy: Excitement and Growth in the Human Personality*, Perls, Hefferline & Goodman (1997) (PHG daqui por diante), foi destacado, primeiramente, a fronteira de contato entre o organismo e seu ambiente como o lugar onde ocorre toda e qualquer experiência, o que caracteriza o contato. Este foi definido como a troca com o meio que promove mudança, sendo essencial para o crescimento em todas as dimensões da vida (fisiológica, cultural, existencial), uma vez que é pela assimilação do não-eu (ambiente) que o eu se desenvolve: "o que é selecionado é sempre o novo; o organismo persiste pela assimilação do novo, pela mudança e pelo crescimento (p. 44). Assim, para os referidos autores, toda e qualquer função humana é, necessariamente, uma interação no campo organismo/ambiente, sociocultural, animal e físico, o que os levaram a sustentar como função da Psicologia estudar as ocorrências da fronteira de contato neste campo.

Esta proposta mudou o paradigma vigente no âmbito da Psicologia, pois, na Gestalt-terapia, a partir de então, todas as experiências não são mais vistas como ocorrendo "dentro" da pessoa, mas como fruto da sua interação com seu mundo próprio, em todas as dimensões. Uma característica essencial desta concepção de fronteira de contato é que ela não separa, mas contém e protege o organismo, ao mesmo tempo em que promove seu contato com o ambiente.

A qualidade e a fluidez (ou falta de) das interações entre o organismo e seu meio na fronteira de contato, bem como o processo de contatar e suas interrupções são essenciais para o funcionamento saudável ou não saudável da pessoa. Para Perls (1977), "saúde é um equilíbrio apropriado da coordenação de tudo aquilo que *somos*" (p. 20). Ele destaca que não se trata do que *temos*, mas da capacidade de integração como o meio, de modo que seja possível a ocorrência de contatos espontâneos e criativos. Nesse sentido, PHG (1997) afirmam que:

> Atenção, concentração, interesse, preocupação, excitamento e graça são característicos da formação saudável de figura/fundo; enquanto confusão, tédio, compulsões, fixações, ansiedade, amnésias, estagnação e acanhamento são indicadores de uma formação figura/fundo perturbada. (p. 34)

A partir desta perspectiva, Cardoso (2017) concebe a saúde, não como um *estado*, mas como um *processo* propiciador de ajustamentos criativos na forma como o ser humano se posiciona em seu contexto de vida. Desse modo, ela estaria relacionada à capacidade da pessoa de responder criativa e autenticamente às suas demandas e àquelas do seu mundo próprio, reconhecendo e legitimando suas experiências, o que inclui suas possibilidades e limitações no momento presente. Assim, a saúde é muito mais ampla que a mera ausência de sintomas ou de doenças, pois requer a capacidade de estar em relação consigo mesmo, com o outro e com o mundo, de ser empático e de investir afetivamente nos laços inter-humanos.

Ainda no tocante à saúde, Francesetti, Gecele & Roubal (2013) definem como "experiência cotidiana ou saudável" aquela construída em um fundo comum e compartilhado de tempo, de espaço e de limites. Assim, "existe um sujeito definido que experiencia um mundo definido, e ambos são partes de uma mesma textura de tempo e de espaço, um mundo comum onde sujeitos e objetos estão separados e conectados (p. 68, tradução nossa). Assim, ser capaz de encontrar a novidade e ser nutritiva são duas condições fundamentais desta experiência, o que está diretamente ligado à capacidade da pessoa de estar presente na fronteira de contato. Portanto, a experiência saudável se caracteriza por ser um processo de contato com a novidade presente no ambiente enquanto possibilidade, a qual será desconstruída em partes menores a fim de ser assimilada pelo organismo, o que resultará em crescimento. Ao ser assimilada, a novidade se transforma em experiência, passa a fazer parte do organismo e poderá servir de apoio diante de uma nova situação, seja como memória, acessível à consciência por meio da linguagem ou como parte do fundo da pessoa.

Neste processo, a espontaneidade é uma condição preponderante. Ela pode ser entendida como a qualidade de estar plenamente presente na fronteira de contato, com uso pleno dos sentidos e awareness, propiciando a apropriação e a assimilação do que é interessante e nutritivo no ambiente, num livre fluxo de figuras-fundo, o que resulta em contato (PHG, 1997; Spagnuolo Lobb, 2013a).

Coerente com esta perspectiva de que organismo e ambiente são partes de uma unidade em interação mútua e constante, Spagnuolo Lobb (2013a) ressalta ser a fronteira de contato o encontro com o outro na diversidade. Este acarreta a tensão como uma consequência inevitável no campo: promotora de integração e de crescimento, quando há suporte para a excitação e espontaneidade que surgem desta interação, ou de ansiedade e sofrimento psíquico, nas situações em que não há suporte para que o contato ocorra. Por exemplo, ao se deparar com um desafio, se a pessoa está auto-apoiada, com um mínimo de autoconfiança nas suas capacidades de enfrentamento, será mais fácil para ela se arriscar diante do novo, o que pode promover contato e crescimento. Por outro lado, se ela se sente insegura, incrédula em suas habilidades para lidar com o desconhecido, é possível que este seja experimentado como uma ameaça e, no mínimo, com algum grau de ansiedade (entendida como excitação sem suporte).

Sendo o homem um ser-em-relação constante com os outros, característico de sua constituição como pessoa ao longo de toda a sua existência, num eterno devir, esta interação é justamente o que desperta suas possibilidades e potencialidades, mas também suas vulnerabilidades. Neste sentido, como ressalta Cardella (2017), relacionar-se verdadeiramente provoca desarrumações, pois implica necessariamente em ser perturbado. E é aí que se origina o sofrimento, em suas diversas formas e intensidades: no desencontro entre a pessoa com o outro, o qual pode ser experimentado como ausência, falta de suporte, desconfirmação, desqualificação, invasão, abandono, trauma, falta de sentido, solidão, dentre tantos outros. Afirma a autora:

> Sofrimento é fenômeno *relacional* e [que] lá onde uma presença amorosa nos faltou ou não pôde ser encontrada, construímos *defesas*; elas têm por função o preenchimento de vazios e a proteção diante da dor e ao se *cristalizarem*, perpetuam paradoxalmente, o sofrimento que tentaram evitar (p. 105,tradução nossa, grifos da autora).

Nesse sentido, o sofrimento por si só não é o mesmo que adoecimento ou sintoma, nem significa a existência de um quadro psicopatológico. Ele se refere a uma forma peculiar de ser afetado pelas situações difíceis, inerentes ao existir humano, que rompe o equilíbrio organísmico da pessoa de uma forma crítica. Por outro lado, dependendo de sua evolução, ele pode arregimentar as forças necessárias para sua superação, o que é promotor de crescimento, ou pode cristalizar-se e transformar-se em um sintoma típico de um quadro psicopatológico.

No campo clínico, é fundamental ao psicoterapeuta reconhecer e compreender o sofrimento da pessoa, pois é justamente o seu padecimento e as reverberações deste em suas relações que a leva a buscar (ou a ser encaminhada por alguém) a psicoterapia. É a partir do sofrimento, seja qual for sua intensidade ou circunstância, que se inicia o processo terapêutico. E é neste sentido que entendemos ser importante a realização do diagnóstico.

Diagnóstico em Gestalt-terapia

A palavra "diagnóstico", etimologicamente, deriva do latim *dia-* (através de, por meio de) e do grego *gnosis* (conhecimento). Assim, diagnosticar significa "conhecer por meio de".

Ancona-Lopez (2003) destaca a aplicação de testes e a avaliação quantitativa de seus resultados como uma das primeiras atividades de diagnóstico psicológico. Isso foi importante na consolidação da profissão e no reconhecimento da Psicologia como ciência, pois se tratava de uma tentativa de utilização de métodos que visavam mensurar características psíquicas, com a objetividade e exatidão típicas das ciências naturais. Entretanto, esse modelo inicial de psicodiagnóstico, composto basicamente por testes, sofreu inúmeras críticas, especialmente pelo fato de que eles pouco contribuíam para os objetivos do trabalho clínico e nem sempre seus resultados eram pertinentes com aquilo que era expresso pelo cliente. Com o avanço das teorias psicológicas, novas formas de avaliação mais correspondentes com a clínica psicológica foram surgindo, em particular no tocante às técnicas de entrevista e de observação, baseadas na abordagem psicanalítica.

Yontef (1998), ao situar a influência da Psicanálise nas origens da Gestalt-terapia, ressalta que aquela concebia o adoecimento psíquico de acordo com o modelo mecanicista, segundo o qual o presente é determinado linearmente pelos acontecimentos passados, principalmente aqueles ocorridos na infância. Assim, em oposição a esta concepção surgiu o movimento humanista e existencial, do qual a Gestalt--terapia foi integrante. Seu foco residiu na singularidade e nas potencialidades da pessoa, numa proposta de relação dialógica entre cliente e terapeuta, na ênfase no aqui e agora e numa compreensão dos processos do existir humano em uma perspectiva fenomenológica e compreensiva (não linear e diferente do paradigma de causa-efeito), dentre outros. Com isso, o diagnóstico e qualquer teoria de psicopatologia foram deixados de lado, evitando uma despersonalização, rotulação e "patologização" da pessoa mediante o uso de categorizações.

O referido autor ressalta a importância de um bom diagnóstico como parte indispensável do processo terapêutico na abordagem gestáltica, sustentando a impossibilidade de evitar fazê-lo. Neste sentido, só caberia ao gestalt-terapeuta duas opções: diagnosticar de maneira superficial ou de forma ponderada e com awareness completa. Esta última, diferente de uma mera categorização, deve fornecer ao profissional as informações, descrições e compreensão sobre a pessoa no momento presente da experiência, além de ajudá-lo a ser mais preciso, discriminador e articulado no reconhecimento de padrões de funcionamento do cliente, capacitando-o a escolher quais as intervenções mais pertinentes. Assim, o diagnóstico deve ocorrer, não apenas na fase inicial do processo terapêutico, mas ao longo de todo ele, numa construção conjunta entre psicoterapeuta e cliente.

Coerente com esta concepção, Frazão (1995, 2015) oferece uma contribuição inestimável acerca da utilização do diagnóstico na clínica gestáltica. Ela reconhece a importância da *comunalidade*, oferecida pelos critérios diagnósticos tradicionais, no sentido da descrição das características comuns às pessoas que sofrem determinado distúrbio, mas ressalta a necessidade de que o diagnóstico contemple as *singularidades* próprias de cada pessoa. Isso envolve seus processos criativos funcionais e disfuncionais, os quais abarcam a emergência e a evitação do contato em função da organização ou distorções de suas percepções e de seus sentimentos no processo de awareness. Ela ressalta também que todo o processo de conhecimento do cliente deve emergir do campo relacional, composto pelas variáveis de ambos, psicoterapeuta e cliente.

Ao enfatizar a dinamicidade de todo este processo, pertinente com a concepção de homem que subjaz a clínica gestáltica, a autora propõe ser mais adequada a expressão "pensamento diagnóstico processual". Este se refere a como a pessoa está a cada momento, na busca por uma descrição e compreensão do modo de ser de cada um, tanto nas suas singularidades quanto no seu desenvolvimento e transformações ao longo da psicoterapia. Para desenvolver esse pensamento diagnóstico processual, Frazão (2015) sugere que o gestalt-terapeuta fique atento: aos impactos causados pela pessoa no psicoterapeuta (em outras palavras, o que chama sua atenção); às omissões do cliente (aquilo que ele não conta, mas que fica evidente nas lacunas do seu relato verbal); às associações espontâneas do fluxo verbal e não verbal do cliente; e às repetições, como sinais de impedimento na fluidez da formação de *gestalten*. Tudo isso deve ocorrer pautado numa relação respeitosa, visando auxiliar a pessoa a resgatar sua capacidade de se relacionar de forma mais criativa e autêntica.

Outra proposta de compreensão da pessoa, de seus aspectos saudáveis e não-saudáveis, bem como dos impasses no seu vir-a-ser é aquela proposta por Ribeiro (2007), a partir de uma sustentação epistemológica fornecida por pressupostos da Psicologia da Gestalt, da teoria de Campo e da Teoria Holística: o ciclo do contato. Trata-se de um "modelo de descrição diagnóstica e prognóstica (...), um instrumento de descrição da realidade, enquanto descreve e situa um jeito de ser, em dado campo" (p.21). O ciclo abarca fatores de cura e de bloqueios de contato e as três funções do *self* (id, personalidade e ego). O autor destaca que o ciclo do contato não se trata de um diagnóstico estrutural e definitivo, mas de uma descrição do processo da pessoa no mundo naquele momento da vida, e é composto por oito processos ou fatores de cura (mecanismos saudáveis): fluidez, sensação, consciência, mobilização de energia, ação, interação, contato final, satisfação e retirada. Ele também apresenta nove processos de bloqueios do contato: fixação, dessensibilização, deflexão, introjeção, projeção, proflexão, retroflexão, egotismo e confluência.

    Ao ressaltar a existência de diferentes tipos de diagnóstico, Francesetti (2019) faz uma distinção importante para um clínico orientado fenomenológica e gestalticamente: extrínseco e intrínseco. O primeiro refere-se ao diagnóstico realizado de acordo com um sistema externo de categorias (CID, DSM, tipos psicológicos de Jung, etc.). O segundo envolve um conhecimento sensorial do psicoterapeuta em relação à sua experiência no contato com o cliente, a partir do que surge na relação. Nesse sentido, este último trata de uma avaliação imediata (no aqui e agora da situação terapêutica), sensorial, pré-reflexiva e pré-verbal, propiciadora de experiências sintonizadas e empáticas por parte do psicoterapeuta, uma vez que ele é parte do campo terapêutico junto com o cliente. Frazão (1995) já sustentava a importância do gestalt-terapeuta utilizar seu olhar, sentidos, sentimentos, fantasias, conhecimento e observação nessa busca por conhecer a pessoa do cliente.

Ainda que a Gestalt-terapia forneça ao psicoterapeuta subsídios para compreender formas distintas do ser no seu mundo próprio, é importante ressaltar que diagnóstico não é o mesmo que psicopatologia. Aquele é um recurso que permite reconhecer tanto o fluxo do processo de vir-a-ser da pessoa, quanto seus impasses, num determinado momento de sua existência. Já a psicopatologia refere-se a algo mais amplo, como apresentaremos a seguir.

Psicopatologia em Gestalt-terapia: uma compreensão possível do adoecimento existencial

Etimologicamente, a palavra "psicopatologia" é composta por *psicho-* (do grego *Psyché*: alma, psique), *pato-* (do grego *pathos*: padecimento, sofrimento, afetação, paixão) e *-logia* (do grego *logos*: discurso). Nesse sentido, de modo geral, ela pode ser entendida como um conhecimento acerca do sofrimento psíquico, do padecimento humano. Nas palavras de Ceccarelli (2005), "o acometido pela paixão, o paciente, o passivo, o portador de sofrimento psíquico, é aquele que padece de algo cuja origem desconhece e que o leva a reagir, na maioria das vezes, de forma imprevista. As paixões atestam nossa permanente dependência ao Outro" (p. 473). Este último refere-se à figura do médico, aquele que cuida. Ele afirma ainda que, historicamente, a psicopatologia teve uma grande variedade de elementos para estudo, compreensão, classificação e tratamento dos sofrimentos psíquicos, cada um com referências próprias e diferentes perspectivas teóricas e clínicas, em função de distintos contextos históricos e políticos.

Moreira & Sloan (2002) situam o primeiro uso do termo psicopatologia no ano de 1878, por Emminghaus, mas no âmbito da psiquiatria clínica. Seu surgimento propriamente dito aconteceu em 1913, com a publicação do livro *Psicopatologia Geral*, de Karl Jaspers. Eles ressaltam que, apesar de a abordagem anterior de Freud ao tema, no seu texto *Psicopatologia da Vida Cotidiana* (1901), ela abarcou, sobretudo, como um meio de desenvolvimento da clínica psicanalítica, e não como uma proposta de psicopatologia mais ampla. Entretanto, os autores reconhecem a inegável influência da Psicanálise na psicopatologia ainda hoje, inclusive no Brasil.

Na Gestalt-terapia, ainda que os princípios apresentados por PHG (1997) tenham pressupostos e conceitos que sustentam a abordagem gestáltica até os dias atuais, eles se mostraram muito mais interessados no trabalho terapêutico, do que em critérios diagnósticos que sustentassem uma psicopatologia propriamente dita. Só mais recentemente alguns autores vêm publicando textos voltados para a reflexão acerca dos quadros clínicos de sofrimentos psíquicos mais graves ou para um pensamento psicopatológico de base gestáltica (Delacroix, 2008; Francesetti, 2015, 2019; Francesetti et al, 2013; Frazão & Fukumitsu, 2017; Galli, 2009; Spagnuolo Lobb, 2013; Melo et al, 2018; Robine, 2006; Santos Filho & Costa, 2016; Tenório, 2012).

A despeito da desconfiança de diversos gestalt-terapeutas quanto à utilização da psicopatologia como recurso clínico, muitos dos quais a associam apenas a critérios de classificação nosológica e focada nos sintomas (coerente com a medicina tradicional e sua visão fragmentada do homem), entendemos que, quando em consonância com a fundamentação antropológica e teórica da abordagem gestáltica, ela é de grande auxílio no trabalho terapêutico, especialmente no atendimento a pessoas que experienciam sofrimentos psíquicos mais graves. Francesetti (2019) sustenta que a compreensão das características comuns e das singulares dos diversos modos de sofrimento humano mediante o estudo da psicopatologia agrega os seguintes benefícios à prática clínica: conhecer o sofrimento particular da pessoa e aquele herdado por gerações; validar a experiência do cliente mediante o reconhecimento de sua dor existencial, bem como os recursos necessários para orientar seu trabalho; e, finalmente, sustentar o gestalt--terapeuta na busca pelo sentido do sofrimento alheio, uma vez que ninguém sofre como o outro.

Partindo de um viés fenomenológico e coerente com a epistemologia da Gestalt-terapia, Francesetti (2019) define psicopatologia como "o estudo das experiências nas quais não nos sentimos plenamente agentes e livres, sobre as quais não podemos exercer plenamente uma escolha" (p. 28). Assim, na experiência psicopatológica, estamos menos presentes do que usualmente nos possibilitariam as limitações e potencialidades da situação em que nos encontramos. Entretanto, ele ressalta duas perspectivas de sofrimento mental que distinguem duas abordagens da Psicopatologia: a primeira considera esta como um fenômeno pertencente ao indivíduo e a segunda a concebe como um fenômeno emergente do campo, do "entre". Assim, a adoção de uma ou de outra concepção de adoecimento humano levará a abordagens completamente diferentes do sofrimento psíquico (FRANCESETTI, 2013).

Na perspectiva gestáltica, coerente com a segunda abordagem de Psicopatologia, o sofrimento é sempre um ajustamento criativo numa situação difícil, ou seja, ele é um fenômeno que emerge em um campo, na fronteira de contato entre organismo e ambiente. Neste sentido, Spagnuolo Lobb (2013) conceitua o ajustamento criativo como resultante das forças espontâneas de sobrevivência que permitem ao indivíduo tanto se diferenciar do contexto, como ser parte dele. Em trabalho posterior (SPAGNUOLO LOBB, 2018a), ela propõe que, na prática clínica com o adoecimento humano, inclusive aquele nas formas mais graves, o gestalt-terapeuta precisa levar em conta: a experiência de vida do cliente, o modo como interage com os outros ao seu redor e os seus sentimentos no campo relacional no qual a experiência acontece. Ela destaca a importância das contribuições da teoria de campo para a compreensão do sofrimento, especialmente no tocante ao seu fundo experiencial, que sustenta a percepção dos eventos presentes a partir de reações neurobiológicas, pensamentos, reações emocionais e comportamentais.

Refletir sobre esses conceitos e sua pertinência no trabalho clínico com pessoas mergulhadas em crises existenciais diversas e complexas, como aquelas com as quais nos deparamos atualmente, corrobora a inegável necessidade de uma compreensão mais ampla sobre a diversidade e a qualidade de formas adoecidas de estar no mundo daquelas pessoas que buscam a Psicoterapia. E é isso que nos proporciona a Psicopatologia.

A importância da Teoria de Campo na concepção gestáltica da Psicopatologia

Em toda a sua obra, Perls enfatizou sistematicamente que o indivíduo só pode ser compreendido como pertencente a um campo, em interação constante com ele. Assim, seu comportamento é função do campo total, o qual inclui tanto o homem quanto o seu ambiente. Um não pode ser concebido sem o outro.

Ao longo do tempo, diversos autores versaram sobre os princípios da teoria de campo na prática gestáltica. Desse modo, o campo pode ser definido de várias formas em Gestalt-terapia: ele é o processo de contato do que ocorre aqui e agora, constituindo-se numa gestalt que inclui tanto a figura quanto o fundo (por exemplo, só sabemos o que é luz porque já experienciamos a escuridão); ele é o processo de contato que acontece na fronteira entre o organismo e o ambiente (inclui a experiência da pessoa na interação imediata com seu mundo próprio); é composto por partes distintas, das quais nem sempre temos consciência, mas que estão lá e das quais podemos tornar conscientes se mudarmos nossa perspectiva do campo (quantas vezes, na psicoterapia, a reflexão sobre uma "simples pergunta" do psicoterapeuta foi suficiente para contemplarmos um novo aspecto da situação, até então não percebido, que muda todo o sentido da nossa experiência?); abarca toda e qualquer experiência como um acontecimento na fronteira de contato, no "entre", constituindo-se num fenômeno unitário por meio do qual modalidades de contato emergem; é uma dimensão fenomenológica, pois sustenta a emergência de determinadas figuras da experiência; é subjetivo ou experiencial, um espaço vital composto pelas percepções, sentimentos, ações, e significados atribuídos pela pessoa em uma dada situação (Francesetti, 2015, 2019; PHG, 1997; Robine, 2001; Spagnuolo Lobb, 2001, 2013, 2018a, 2018b; Yontef, 1998).

Ao destacar na compreensão de toda a teoria e prática gestáltica, Vázquez Bandín (2018) mostra a importância da mudança do paradigma individualista para um paradigma de campo, formado pelo organismo e seu meio, afirmando:

> Do mesmo modo que para medir distâncias ou pesos utilizamos o metro como unidade de medida de distância, e o quilo como unidade de peso (...), nosso enfoque utiliza a fronteira de contato como unidade de medida de qualquer consideração sobre a experiência humana, descartando o paradigma individualista. (p. 14)

Por sua vez, Spagnuolo Lobb (2013) ressalta que, pelo fato do organismo e seu meio não serem entidades separadas, é esperado algum tipo de tensão entre eles, como um movimento no campo que leva à integração e ao crescimento.

Nesta dinâmica, a consciência intencional, que dota tudo de um sentido e que está sempre em relação com um objeto, tem um papel fundamental na formação da subjetividade humana. E é a partir desta interação com o mundo, deste "ir em direção a", que tanto o sofrimento psíquico quanto a função da psicoterapia precisam ser reconhecidos.

A autora descreve da seguinte maneira o processo de contato focado na alternância entre a totalidade e a diferenciação que caracterizam o estar em uma dada situação: em um dado campo, a partir de um estado unitário indiferenciado inicial, diante de um novo estímulo, emergem energias e diferenciações no organismo, as quais levam a percepções distintas na fronteira de contato. E é nessa inicial falta de diferenciação na situação presente que acontece a intencionalidade do contato, e cujo processo de contato do *self* começa, originando o aumento da excitação promovido pela percepção da novidade no campo fenomenológico. Essa diferenciação só será possibilitada pela excitação dos sentidos, pois quando a pessoa se diferencia das demais, ela se define no reconhecimento desta diferença. Esta concepção é importante, inclusive, para a compreensão das experiências de sofrimento e da psicopatologia na perspectiva gestáltica (SPAGNUOLO LOBB, 2013a).

Em consonância com esta perspectiva para a compreensão do campo psicopatológico, Francesetti (2015) descreve cada experiência que surge no campo presente como possuidora das seguintes características: é única, pois é irrepetível, assim como a situação presente da qual ele é função; é *efêmera* porque muda com as alterações inevitáveis do campo; é *co-criada*, pois é função tanto do organismo quanto do meio; é *situada* num tempo e num espaço, aqui e agora; é *corporal*, pois é sempre encarnada, captada por um corpo vivido; está em *movimento*, pois tende a ir em direção às intencionalidades do contato; é *sistêmica*, pois há influência mutua entre os elementos que a compõem; é *holística*, pois repercute na totalidade; e provoca a emergência de novas *gestalten*. De acordo com Francesetti (2013), na concepção gestáltica, a Psicopatologia é um fenômeno que emerge na fronteira de contato e, como tal, não é a pessoa quem sofre, mas a relação entre ela e o mundo. Assim, trata-se de uma "psicopatologia da relação, da fronteira de contato, do *entre*. A pessoa é o receptor sensível e criativo deste sofrimento: ela sente dor" (p. 61, tradução nossa, grifo do autor). Por isso, a Psicopatologia refere-se ao sofrimento naquela fronteira.

Qualquer um em relação com uma pessoa que padece pode sentir a presença deste sofrimento, o qual se revela sempre na relação. Para ilustrar, podemos imaginar uma pessoa que se encontra em um quadro depressivo, vivenciando algumas de suas características: a falta de vitalidade, a experiência de um tempo presente carregado de desesperança, de desânimo e de indisponibilidade para se relacionar, ou mesmo, para realizar as atividades do cotidiano, dentre outros sintomas típicos. Nenhum deles se restringe apenas à pessoa que atravessa a experiência depressiva, mas a todos aqueles com quem ela convive, pois de alguma forma, sofrerão as repercussões de seu sofrimento. É como se ela "derramasse" a depressão em todas as suas relações, ainda que de formas e em intensidades distintas. O mesmo vale para todas as outras experiências psicopatológicas, com as características típicas da sintomatologia de cada uma delas e com as singularidades do ser que sofre.

Com isso, Francesetti (2019) propõe que a Psicopatologia pode ser concebida como a consequência de uma dor não atravessada, pois em uma situação adversa, na qual não temos suporte suficiente para experimentá-la, nem encontramos em outra pessoa o apoio necessário, ela fica inacabada, sem forma nem formulação. Isso gera uma tensão que impede o presente de ser assimilado e de converter-se em passado (criando as gestalten abertas ou situações inacabadas). À medida que tais situações vão se repetindo e persistindo, a pessoa vai se tornando menos presente, constituindo as formas de sofrimento compreendidas como psicopatológicas, caracterizadas por ausências significativas e persistentes (traumas, abandonos, descuidos, abusos). Assim:

> "O sofrimento é uma ausência que busca outra carne para poder sair à luz e atravessar as marcas da experiência que não foi experimentada. (...) É a presença de algo que ainda não tomou forma, porque esta surge da assimilação que aqui, por definição, não pode ter lugar" (p. 45, tradução nossa).

Vázquez Bandín (2018) complementa esta acepção de sofrimento definindo-o como consequência de ajustamentos criativos que se tornaram obsoletos, criando rigidez na forma de contatar e, em decorrência, promovendo um automatismo que reduz a consciência do contato, tornando-o empobrecido pelo desenvolvimento de um padrão que se manifesta na forma de sintomas peculiares. Esse processo levaria, então, ao sofrimento, à "fome" e à "anemia" emocional e relacional.

A partir desses pressupostos que alicerçam nossa visão do ser no mundo e nossa prática clínica, Francesetti (2013) elenca as seguintes características como base da compreensão do sofrimento humano, a partir de uma psicopatologia gestáltica: *fenomenológica* (voltada para a compreensão das experiências, sem interpretá-las e sem categorizar os sujeitos, que considera a experiência do sofrimento psicopatológico passível de ser experimentado por qualquer ser humano);

relacional (o que é tratado é a relação emergente na fronteira de contato; a experiência é co-criada na relação; foca o momento em que a espontaneidade é interrompida e a intencionalidade do contato não obtém o suporte necessário para assimilar a novidade); *tempo* (tempo e relação dão sentido um ao outro, permitindo a construção de uma narrativa que permite a conexão com o outro possível); *holístico* (o sofrimento é experienciado pela sua totalidade e envolve sempre o corpo); *orientado em direção à criatividade* (enquanto ajustamentos criativos em um campo difícil); *situacional* (o sofrimento sempre emerge de um contexto e é determinado por uma dada situação); *voltado para se desenvolver e orientado para adiante* (todo sofrimento traz em si pistas do seu sentido, e o sintoma é um traço na relação presente do que foi deixado no passado, o qual pede por uma satisfação na relação terapêutica), *estético* (passível de ser captado na relação por meio dos sentidos), e, por último, *dimensional, mais do que categorial* (a primeira situa o fenômeno do sofrimento ao longo de um *continuum*, que vai da saúde à doença, e a segunda define categorias com enquadres bem definidos.

Em uma nova composição destes fundamentos, Francesetti (2018) propõe uma perspectiva de psicopatologia coerente com os princípios filosóficos, teóricos e metodológicos da Gestalt-terapia que ele define como sendo:

> Uma abordagem holística e, consequentemente, é biopsicossocial; é uma perspectiva de campo e, consequentemente, radicalmente relacional; é desconstrutiva e assim toma em conta a nosologia para então transcendê-la; e é estética porque considera que o sofrimento é co-criado no aqui-agora do encontro e atualizado por uma ausência na fronteira de contato. (p.155)

Entretanto, para que possamos compreender esta nova proposição de psicopatologia e possamos descrever as diversas experiências do sofrimento humano enquanto fenômenos do campo que se dão na fronteira de contato da pessoa com o outro, no seu mundo próprio, faz-se necessária uma releitura de outro conceito básico da Gestalt-terapia, proposto por PHG (1997), nos primórdios da abordagem: a teoria de *self*.

O *self* e suas funções como processo de descrição do sofrimento e do adoecimento humano

Sendo o contato, com todas as suas características, a matéria-prima da Gestalt-terapia, a teoria do *self* é de relevância crucial para a prática clínica, em relação ao objetivo de auxiliar a pessoa a resgatar suas habilidades para estabelecer contatos na fronteira organismo-ambiente de modo espontâneo e auto-apoiado, a fim de a possibilitar um livre fluir de figuras-fundo, processo este denominado de *awareness*. PHG (1997) definiram o *self* como o sistema de contatos no campo organismo-ambiente em qualquer momento, variando em função das necessidades e dos estímulos presentes na situação, num processo contínuo de figuras-fundo. Trata-se de um sistema de ajustamentos criativos. "O *self* é a fronteira de contato em funcionamento: sua atividade é formar figuras e fundos" (p. 49). Ele é tanto parte do organismo, quanto do ambiente, ocupando uma posição intermediária ("modo médio"). Os autores enfatizam o caráter processual do *self*, espontâneo, experiencial, e não estrutural.

Robine (2006), ao ressaltar o interesse da Gestalt-terapia pela formação de figuras, pelo campo e pela emergência do que ocorre na fronteira de contato, considera a abordagem como uma cultura muito mais do verbo (em movimento) do que do substantivo (estrutura). E é nesse sentido que o *self* deve ser apreendido "como ad-vérbio, pois ele é o artesão do ato de 'contatar', que é a operação básica do campo" (p. 33), e não como instância ou entidade.

Spagnuolo Lobb (2001, 2018b), ao definir o *self* como "experiência do mundo" a partir de sua origem fenomenológica e de descrever sua importância no trabalho gestáltico, reconhece a dificuldade de muitos gestalt-terapeutas em compreender este conceito. Ela justifica esse fato pelo uso dos termos *self* e de suas funções (id, personalidade e ego), cunhados por outras teorias psicológicas não fenomenológicas, para utilização em uma perspectiva fenomenológica. O *self* é descrito como o modo *como* fazemos contato com o meio: espontânea, deliberada e criativamente, permanecendo com a experiência, sem categorizar o comportamento, apenas acompanhando o fluir do contato.

A autora destaca também a importância da experiência de fundo no processo contínuo de formação figura-fundo, característico do *self*, uma vez que ela funciona como suporte para a emergência das figuras, animando sua formação, a partir das habilidades desenvolvidas em contatos anteriores, de traços da experiência, de necessidades fisiológicas, dentre outros, que compõem o contexto do qual emerge a figura (SPAGNUOLO LOBB, 2018b).

Coerente com esta perspectiva, Francesetti (2013) defende que uma relação nunca está restrita apenas ao indivíduo e ao outro, mas inclui uma terceira parte: o fundo, que dá sustento e sentido (em maior ou menor grau) à relação presente. Este pode ser a sociedade, a família, um grupo específico, a humanidade como um todo, o psicoterapeuta, etc. Essa concepção é útil na descrição tanto dos processos saudáveis e espontâneos do contato, quanto daqueles patológicos. Algumas experiências psicopatológicas, por exemplo, ocorrem justamente porque a terceira parte – o fundo – não oferece suporte para a emergência da figura na fronteira de contato. Como ilustração, pensemos em uma pessoa que não recebeu amor, suporte suficiente e nem confirmação positiva em sua história familiar e que, desde sempre, não consegue ter a autoconfiança necessária para encarar os desafios do seu existir, como acreditar que ela é capaz de superar situações, de produzir algo positivo ou até mesmo de ser digna da amizade de pessoas que considera interessantes. Relacionar-se é algo tão ansiogênico e ameaçador que, ao longo da vida, ela vai aperfeiçoando formas de evitar essa experiência, a ponto de desenvolver um quadro típico de síndrome do pânico. Em outras palavras, ela não experimentou relações confirmadoras que consolidassem em seu "fundo" um apoio suficiente para que, em seus processos de contato, sua autoimagem e autoconfiança pudessem emergir de forma energizada e consistente nas relações com seu mundo próprio. Com isso, (con)viver se transforma sinônimo de sofrimento, às vezes, de forma insuportável.

Na nova concepção que atribuíram ao *self*, PHG (1997) identificaram o que eles chamaram de estruturas parciais criadas pelo *self* para funções específicas. Nas palavras de Spagnuolo Lobb (2013, 2018b), essas estruturas são conjuntos de experiências em torno das quais aspectos específicos do *self* são organizados, descritos em termos fenomenológicos e experienciais que funcionam de modo integrado no contexto da experiência na fronteira de contato. São as funções id, personalidade e ego.

A função id se refere às necessidades, instintos, desejos, aspectos corporais e sensações que são percebidas como vindas "de dentro da pele". Ela diz respeito ao nosso *background* sensório-motor, pré-reflexivo. A função personalidade envolve a representação que a pessoa faz de si, sua autoimagem, o quadro de referências para suas atitudes, podendo ser expressas pela resposta à pergunta "Quem sou eu?". Já a função ego se caracteriza pela habilidade de fazer escolhas e de rejeitar, a partir do que é percebido dos outros dois modos de funcionamento do *self*. É uma função sensorialmente ativa e motoricamente agressiva, com capacidade para decidir se identifica ou se aliena aspectos do meio, se irá ou não realizar determinada ação (PHG, 1997; ROBINE, 2006; SPAGNUOLO LOBB, 2001, 2018b). Spagnuolo Lobb (2001) sintetiza essas definições afirmando que as funções id e personalidade oferecem suporte ao *self* no contato com o meio (semelhante a duas pernas) e que a função ego é o motor que põe as "duas pernas" em movimento.

Essas funções do *self* podem ser ilustradas na seguinte situação: ao passear pela rua, vejo de longe uma pessoa que foi uma amiga muito próxima e querida na adolescência e que não via havia anos. Com ela compartilhei muitas confidências, vivi muitas alegrias, situações comuns e experiências de cumplicidade, típicas daquele período da vida. Não me recordo exatamente porque nos afastamos. Ao reconhecê-la, sinto uma excitação emergindo no meu corpo, minha respiração acelera e percebo uma energia diferente que me mobiliza em sua direção (função id). Sinto-me invadida por afetos e por uma onda de saudade pelas recordações experimentadas, e reconheço essa mistura de emoções e as legitimo como sendo pertinentes naquela situação (função personalidade). Em função do reconhecimento do meu desejo de reencontrá-la e de nos reaproximarmos, decido ir em sua direção e abordá-la (função ego). Mas ao dar o primeiro passo, vejo que ela está acompanhada por um homem e, ao prestar atenção nele, reconheço que era uma pessoa por quem vivi uma paixão platônica no mesmo período em que éramos amigas. Então, constato que eles se casaram, e que eu nunca soube disso. Minha experiência corporal se modifica: minha respiração fica presa, meus músculos se contraem e sinto um nó na garganta (função id). Emergem sentimentos ambíguos, pois ela sabia da minha paixão à distância, das minhas fantasias e da minha vergonha de me declarar para ele e, ao vê-los juntos, sinto uma ponta de raiva e uma decepção por ela ter se envolvido com ele – e casado! – sem me falar nada. Não entendo como ela pôde fazer isso comigo, que durante toda a minha adolescência, fui tão amiga dela. Sinto-me traída (função personalidade). Tenho um impulso de ir até lá cumprimentá-los, mas prefiro "deixar quieto", me afastar e voltar minha atenção para outra situação mais interessante, pois não valeria a pena essa reaproximação (função ego). Vida que segue! Este é um exemplo simples do funcionamento do *self*, enquanto um sistema de contato na fronteira, experimentando e dando sentido a uma situação (funções id e personalidade) e fazendo deliberações (função ego), no qual, apesar de certo desconforto, não foi promotor de um sofrimento que pudesse ser caracterizado como psicopatológico. Só que nem sempre é assim que a história termina (aliás, nem sempre ela termina, se arrastando por toda uma existência em busca de uma conclusão).

Spagnuolo Lobb (2013a) ressalta que na nossa experiência de normalidade, quando o fundo é calmo, suportivo e cheio de recursos para a emergência de uma figura clara e espontânea, essas funções do *self* funcionam de modo integrado e sem distinção. Mas é nas situações difíceis e inacabadas que elas se sobressaem, delineando formas diferentes de experiências psicopatológicas. Nessa atmosfera adversa, Francesetti (2013, 2019) concebe o fenômeno psicopatológico como uma função do campo, vivido como formas de sofrimento humano que caracterizam três tipos de experiências psicopatológicas (e não estruturas de personalidade): psicótica, neurótica ou *borderline*.

Os sofrimentos psicótico, neurótico e *borderline*

Francesetti (2013, 2019) propõe estas três qualidades do sofrimento como diferentes modos de funcionamento da experiência humana na situação presente no campo. Assim, ao não se referir a categorias, mas a dimensões, ele considera a possibilidade de passarmos de uma para a outra, pois são fenômenos emergentes co-criados na fronteira de contato. Todos nós temos potencial para experienciar essas dimensões, em diferentes graus e momentos, pois a compreensão do sofrimento (e também do respectivo trabalho terapêutico) surge do campo (da relação ou da situação), e não pode ser reduzida à perspectiva individual, ainda que seja a pessoa quem sofra, expresse e busque por sua transformação. O autor sustenta que:

> Todas as experiências e relações têm mais de uma dimensão. Todos nós podemos ter uma dimensão narcisista, *borderline*, depressiva, adicta, psicótica ou qualquer outra, dependendo dos momentos e situações da vida. Então, a patologia não é uma entidade claramente definida que pode ser distinta de um espectro saudável. As pessoas que buscam ajuda se encontram envolvidas com as mesmas questões existenciais que todos nós enfrentamos: amor, solidão, tempo, morte.(...) O que muda de uma pessoa para outra é o limite no qual esta experiência começa. (p. 75, tradução nossa).

Em consonância com essa perspectiva, Spagnuolo Lobb (2018b) sustenta que as gestalten inacabadas, ocasionadas por um fundo turbulento, sem condições de oferecer suporte para as excitações decorrentes da interação com o ambiente, são aquelas que vão promover o sofrimento que poderá variar em intensidade e singularidades ao longo do *continuum* entre experiências saudáveis e psicopatológicas. Ambos os autores afirmam que os modos de sofrimento psicopatológicos não se esgotam nestes três, mas são eles que serão apresentados sinteticamente no presente texto.

Na *experiência psicótica*, não há uma discriminação da fronteira de contato: o que é experienciado "dentro da pele" é carregado de ansiedade e percebido como indiferenciado ou muito confuso em relação ao "fora da pele". Isso ocorre devido a distúrbios na função id do *self*, tornando inconsistente o fluxo de figuras-fundo, comprometendo o exame da realidade. Há uma ausência de suporte básico suficiente para a pessoa se apoiar e se discriminar do ambiente, pois não há um fundo comum e compartilhado do tempo, do espaço e das fronteiras, o que promove uma ansiedade indescritível. Nesta experiência, há uma primeira e angustiante ausência: a de não estar constituído como sujeito, pois existe a impossibilidade da diferenciação entre eu e não-eu e, com isso, também a impossibilidade de um sentimento de segurança básica. Esta situação de indiferenciação impede a experiência de viver em um mundo compartilhado com o outro, de assimilar a novidade, deixando a pessoa imersa no isolamento e na solidão, pois não há nem um *self*, nem um ambiente distintos. Neste cenário, o delírio e a alucinação emergem como ajustamentos criativos, ao proporcionarem um senso de realidade (ainda que fragmentado) e a possibilidade de narrativa da sua experiência que livram a pessoa do desespero de uma completa desorientação existencial (COSTA & COSTA, 2017; FRANCESETTI, 2013; 2019; SCHILLINGS, 2017; SPAGNUOLO LOBB, 2018).

Partindo da perspectiva de campo, é fácil imaginar a atmosfera carregada, típica de um campo psicótico (na família, por exemplo), que impregna as relações e desperta experiências diversas nas pessoas que o compõem, as quais, muitas vezes acabam aumentando mais o sofrimento existencial de todos. Esse campo, com frequência, cronifica ainda mais a experiência psicótica, pela incapacidade de oferecer um fundo com o suporte necessário para o restabelecimento das habilidades básicas para o contato da pessoa no campo organismo-ambiente.

A principal tarefa do psicoterapeuta com pessoa na experiência psicótica, então, não reside em restaurar as funções de contato interrompidas. Ela consiste em co-construir um fundo (a "terceira parte") mediante uma relação que ofereça apoio suficiente para a pessoa do cliente para a emergência das suas experiências e para o acolhimento da pessoa no seu processo de vir-a-ser, de modo que ela possa começar a reconhecer o psicoterapeuta como um *outro e a* esboçar, minimamente, uma definição de si mesma, o que terá repercussões significativas nas suas demais relações (FRANCESETTI, 2013).

No que tange à *experiência neurótica*, há um suporte suficientemente construído que permite à pessoa se discriminar do ambiente com relativa clareza e distinguir seus sentimentos em relação a si mesma e ao mundo, pois há a preservação do exame da realidade, o que promove um certo senso de segurança existencial básico. Mas, em determinada medida, a excitação da novidade na fronteira de contato é vivida como ameaça em algum grau e há uma perda na espontaneidade, que é experimentada como ansiedade. Isso impede a pessoa de estar plenamente presente na fronteira de contato, embotando suas habilidades relacionais e anestesiando seus sentidos. Com isso, o outro não é discriminado com clareza e a função ego fica perturbada, não conseguindo fazer as deliberações na plenitude das funções de contato. Quando esta diminuição na capacidade de contato se repete, tornando-se rígida e cristalizada, o sofrimento decorrente pode se manifestar em uma variedade de sintomas: ansiedade, compulsões, fobias, paranoias, dentre muitos outros, todos como um esforço do organismo de ajustar-se criativamente, num movimento de auto-regulação (sic) organísmica em um campo considerado ameaçador (FRANCESETTI, 2013; 2019; PHG, 1997; SCHILLINGS, 2017; SPAGNUOLO LOBB, 2018b).

Ginger & Ginger (1995) descrevem essa experiência como uma dificuldade ou desadaptação na capacidade da pessoa de fazer uma escolha adequada, uma vez que a função id percebe as funções internas e o mundo, mas a função ego não se dá de modo satisfatório:

> O *ajustamento criador* do comportamento não está de acordo com a necessária 'hierarquia de necessidades'. As respostas não são *atualizadas*. A neurose, pois é um *conjunto de respostas obsoletas ou anacrônicas* (...)em geral que reproduz comportamentos adquiridos em outros tempos e em outros lugares (p. 128, grifos do autor)

Francesetti (2019) ressalta a sensação de insatisfação e uma sintomatologia incômoda pela ausência e/ou anestesia dos sentidos na fronteira de contato, características da experiência neurótica. Em função das interrupções do contato e as consequentes diminuições no encontro com a novidade, na excitação e no crescimento, a fim de reduzir a dor do encontro, o autor defende que uma das principais tarefas do gestalt-terapeuta é auxiliar a pessoa a encontrar essas ausências na relação, esteticamente (fazendo uso de suas próprias sensações ao se deixar ser tocado pelo encontro terapêutico).

Finalmente, na *experiência borderline* (de fronteiriço ou limítrofe), a pessoa está constituída (semelhante à experiência neurótica e diferente da psicótica), mas experimenta um fundo composto por experiências não integradas de si mesma e do mundo, ambos percebidos como ambivalentes, desintegrados e polarizados, o que dificulta um senso de continuidade do *self* e a atribuição de um sentido estável às situações vividas. Isso repercute na tentativa perene de construção de um senso de identidade consolidado, o que é dificultado pela alternância das percepções acerca de si mesma, ora boas, ora ruins, a qual marca suas relações interpessoais por uma intensa instabilidade emocional. Francesetti (2019) chega a afirmar que o único aspecto estável nesta experiência é a própria instabilidade e que a falta de dignidade de ser si mesmo e de ser visto como tal é uma das vivências mais profundas e dolorosas desta experiência psicopatológica. Assim, a pessoa está sempre mobilizada no esforço de manter um "rascunho de *self*", principalmente para se proteger das ameaças de desestabilização experimentadas na fronteira de contato com o outro. Em decorrência disso, suas relações também são caracterizadas pela ambivalência (ao mesmo tempo em que relacionar-se implica no medo de ser abandonada, representa a tentativa de "ganhar" uma identidade daquele com quem se relaciona), pela sensação de vazio, pela insatisfação e pela raiva (que pode ser expressa ou não). Nesse sentido, um senso de identidade difuso, a cisão como mecanismo de defesa típico e a necessidade contínua de checar a realidade na busca de um mínimo de constância e de segurança também se fazem presentes nesta experiência. Essa inabilidade em se reconhecer é ocasionada por perturbações da função personalidade do *self*, que não permite a emergência de uma auto-imagem (sic) e identidade coesas e com um mínimo de estabilidade (Francesetti, 2019; Schillings, 2017; Spagnuolo Lobb, 2013b, 2018b).

Schillings (2017) ressalta ainda a extrema sensibilidade, a incapacidade de cuidar de si mesma e a busca constante por um cuidador como características da experiência *borderline*, semelhante a uma criança diante do mundo. Ela afirma: "as pessoas que padecem desse tipo de sofrimento parecem carecer de uma 'pele emocional', ou seja, a qualquer toque a dor emocional e a reação imediata são extremas" (p. 132).

No tocante ao processo terapêutico com pessoa em experiência *borderline*, Spagnuolo Lobb (2013b) descreve as competências necessárias ao gestalt-terapeuta para este trabalho e descreve os seguintes objetivos terapêuticos: oferecer suporte para o estabelecimento da confiança do cliente no psicoterapeuta; auxiliar a pessoa a experienciar seu "rascunho" do *self* em contato com o outro, apesar das ambivalências que interferem no seu senso de totalidade; experienciar a consistência existente entre a dor do passado e a reação presente, numa tentativa de integras partes conflitantes; ajudar a pessoa a experienciar tanto a proximidade quanto a independência do outro; legitimar a experiência de desespero do cliente e oferecer apoio para a cisão com menos ansiedade e reatividade.

Em busca do fechamento desta gestalt...

Na clínica contemporânea, as queixas das pessoas têm revelado que, em tempos de relações líquidas, em que abundam as conexões e carecem as relações, as dores e sofrimentos existenciais não se restringem mais àquelas decorrentes das situações malresolvidas originárias na infância. Muitas vezes, o desenraizamento relacional é descrito como dores e sofrimentos quase insuportáveis. Considerando-se a perspectiva de campo, tão cara à Gestalt-terapia, que concebe a indissociabilidade da interação organismo-ambiente, é inegável o impacto destas formas de interação na existência humana e no seu consequente adoecimento. Sem dúvida, a fragilidade do estabelecimento de laços significativos duradouros e efemeridade dos vínculos, tão característicos da nossa sociedade, têm contribuído para a emergência e cronificação das diversas experiências psicopatológicas e comprometido drasticamente às habilidades interpessoais necessárias ao estabelecimento do contato.

Nesse sentido, entendo ser a psicopatologia um mapa que serve como referência para a compreensão do processo de vir-a-ser da pessoa do cliente, composto não apenas por suas "mazelas", dificuldades e impossibilidades, mas também por suas possibilidades, potencialidades e força. Do mesmo modo que um mapa cartográfico não substitui o terreno e nem pode representá-lo, na totalidade de seus aspectos, a psicopatologia não pode substituir a pessoa nem servir como verdade absoluta de sua experiência. Nas mãos do psicoterapeuta, ela é um recurso que o ajuda a se situar diante do sofrimento alheio e, consequentemente, a escolher a intervenção que lhe julgar mais pertinente.

Nenhuma dessas experiências de sofrimento pode ser tomada pela psicopatologia isoladamente. A grande diferença da psicopatologia gestáltica, fundamentada na fenomenologia, é considerar a descrição da experiência da pessoa no seu mundo próprio, na emergência e nos bloqueios dos contatos na situação presente, sem encaixar a pessoa em categorias diagnósticas. Nesse sentido, o gestalt-terapeuta deve abrir-se à experiência do outro para que ela possa ser revelada, reconhecida em toda sua plenitude e, com isso ser ressignificada, transformada, a partir da textura relacional estabelecida no campo terapêutico. E isso é só o começo.

Referências

ANCONA-LOPEZ, M. Prefácio. In: PIMENTEL, A. *Psicodiagnóstico em Gestalt-terapia*. São Paulo: Summus, 2003.

BAUMAN, Z. *Modernidade Líquida*. Rio de Janeiro: Zahar, 2001.

BAUMAN, Z. *Tempo Líquido*. Rio de Janeiro: Zahar, 2007.

CARDELLA, B. H. P. *De volta para casa: Ética e poética na clínica gestáltica contemporânea*. Amparo: Gráfica Foca, 2017.

CARDOSO, C. L. A saúde na ótica da gestalt-terapia. In: CONGRESSO MINEIRO DE GESTALT-TERAPIA, 1, 2017, Universidade Federal de Minas Gerais. *Anais*. Belo Horizonte: UFMG, 2017. pp. 40-42.

CARVALHO, L. C. & COSTA, I. I. A clínica gestáltica e os ajustamentos do tipo psicótico. *Revista da Abordagem Gestáltica*. XVI(1): 12-18, jan-jul, 2010. Disponível em: <http://pepsic.bvsalud.org/pdf/rag/v16n1/v16n1a03.pdf>. Acesso em: 30 mai. 2019.

CECCARELLI, P. O sofrimento psíquico na perspectiva da psicopatologia fundamental. *Psicologia em estudo*. 2005, 10(3), 471-477.Disponível em: <http://dx.doi.org/10.1590/S1413-73722005000300015>. Acesso em: 30 jun. 2019.

COSTA, L. C. C. I. & COSTA, I. I. Em: O Ajustamento do tipo psicótico. In: FRAZÃO, L. M.; FUKUMITSU, K. O. (org.) *Quadros clínicos disfuncionais e Gestalt-terapia*. São Paulo: Summus, 2017.

DELACROIX, J. M. *Encuentro com la psicoterapia: Una visión antropológica de larelación y elsentido de laenfermidadenlaparadoja de la vida*.Santiago e Chile: Editorial CuatroVientos, 2008.

FRANCESETTI, G. From individual symptoms to psychopathological fields.Towards a field perspective on clinical human suffering, *British Gestalt Journal*, England, v. 24, n. 1, 2015, pp.5-19.

FRANCESETTI, G. "Você chora, eu sinto dor", O *self* emergente, cocriado, como o fundamento da antropologia, psicopatologia e psicoterapia na Gestalt-terapia. Em: ROBINE, J. M. *Self: Uma polifonia de gestalt-terapeutas contemporâneos.* São Paulo: Escuta, 2018, pp. 147-168, pp. 59-75.

FRANCESETTI, G. *Fundamentos de lapsicopatología fenomenológico-gestáltica: Uma introduciónligera.* Madri: Asociación Cultural Los Libros Del CTP, 2019.

FRANCESETTI, G., GECELE, M. & ROUBAL, J. Gestalt Therapy Approach to Psychopathology.Em: FRANCESETTI, G., GECELE, M. & ROUBAL, J. *Gestalt Therapy in clinical practice: From Psychopathology to the Aesthetic of Contact.* Milano: Franco Angeli, 2013.

FRAZÃO, L. M. Revendo a questão do diagnóstico em Gestalt--terapia: Entendidos e mal-entendido. Em: *Revista do I Encontro Goiano de Gestalt-terapia,* 1(1), 1995, pp. 80-86.

FRAZÃO, L. M. Compreensão clínica em Gestalt-terapia: Pensamento diagnóstico processual e ajustamentos criativos funcionais e disfuncionais. Em: FRAZÃO, L. M.; FUKUMITSU, K. O. *A clínica, a relação psicoterapêutica e o manejo em Gestalt-terapia.* São Paulo: Summus, 2015, pp. 83-102.

FRAZÃO, L. M.; FUKUMITSU, K. O. (org.) *Quadros clínicos disfuncionais e Gestalt-terapia.* São Paulo: Summus, 2017.

GALLI, L. M. P. Um olhar fenomenológico sobre a questão da saúde e da doença: a cura do ponto de vista da Gestalt--terapia. *Estudos e Pesquisa em Psicologia,* UERJ, 9(1), 58-70, ABR/2009. Disponível em: <http://pepsic.bvsalud.org/pdf/epp/v9n1/v9n1a06.pdf> Acesso em: 28 jun. 2019.

GINGER, S. & GINGER, A. *Gestalt: Uma terapia do contato.* São Paulo: Summus, 1995.

MELO, A. K.; AQUILINO, J. B.; BLOC, L. C.; MOREIRA, V. & BORIS, G, D, J. B. Alice no País das Maravilhas: a experiência de depressividade no diálogo entre gestalt-terapia e psicopatologia fenomenológica. *Memorandum*(34):150-170, jun. 2018. Disponível em:<https://periodicos.ufmg.br/index.php/memorandum/article/view/6864/4418> Acesso em: 28 jun.2019.

MOREIRA, V. & SLOAN, T. *Personalidade, ideologia e psicopatologia crítica*.São Paulo: Escuta, 2002.

PERLS, F. *Gestalt Terapia Explicada*. São Paulo: Summus, 1977.

PERLS, F., HEFFERLINE, R.; GOODMAN, P. *Gestalt Terapia*. São Paulo: Summus, 1997.

RIBEIRO, J. P. *O Ciclo do contato:* Temas básicos na abordagem gestáltica.São Paulo: Summus, 2007.

ROBINE, J. M.*O self desdobrado*. São Paulo: Summus, 2006.

ROBINE, J. M. From field to situation. In: ROBINE, J. M. *Contact and relationship in a field perspective*. Bordeaux: L'exprimerie, 2001, pp. 95-108.

SANTOS FILHO, J. M. e COSTA, V. E. S. M.. Encontrando um modo de ser esquizofrênico: arte e técnica na gestalt-terapia. *Revista da abordagem gestáltica*. [online]. 2016, vol.22, n.1, pp. 27-36. Disponível em: <http://pepsic.bvsalud.org/pdf/rag/v22n1/v22n1a05.pdf> Acesso em: 28 jun. 2019.

SCHILLINGS, A. Os sofrimentos emocionais agravados e o diagnóstico *borderline*. Em: O Ajustamento do tipo psicótico. In: FRAZÃO, L. M.; FUKUMITSU, K. O. (org.).*Quadros clínicos disfuncionais e Gestalt-terapia*. São Paulo: Summus, 2017, pp.117-140.

SPAGNUOLO LOBB, M. From the epistemology of *self* to clinical specificity of Gestalt Therapy. In: ROBINE, J. M. *Contact and relationship in a field perspective*. Bordeaux: L'exprimerie, 2001, pp. 49-66.

SPAGNUOLO LOBB, M. Aesthetic relational knowledge of the field: A revised concept of awareness in Gestalt Therapy and contemporary psychiatry. *Gestalt Review*, 22(1), 2018a, pp. 50-68.

SPAGNUOLO LOBB, M. A *self* como contato. O contato como *Ielf*. Uma contribuição à fundamentação da experiência na teoria do *self* em Gestalt-terapia. Em: ROBINE, J. M. *Self: Uma polifonia de gestalt-terapeutas contemporâneos*. São Paulo: Escuta, 2018b, pp. 271-302.

SPAGNUOLO LOBB, M. Fundamentals and development of Gestalt Therapy in the contemporary context. Em: FRANCESETTI, G.;GECELE, M. & ROUBAL, J. *Gestalt Therapy in clinical practice: From Psychopathology to the Aesthetic of Contact*. Milano: Franco Angeli, 2013a, pp. 59-75.

SPAGNUOLO LOBB, M. Borderline. The wound of the boundary.Em: FRANCESETTI, G., GECELE, M. & ROUBAL, J. *Gestalt Therapy in clinical practice: From Psychopathology to the Aesthetic of Contact*. Milano: Franco Angeli, 2013b, pp. 609-639.

TENÓRIO, C. M. D. As psicopatologias como distúrbios das funções do *self*: uma construção teórica na abordagem gestáltica. *Revista da abordagem gestáltica*. [online]. XVIII(2): 216-223, jul-dez, 2012. Disponível em: <http://pepsic.bvsalud.org/pdf/rag/v18n2/v18n2a13.pdf>. Acesso em: 28 jun. 2019.

VÁZQUES BANDÍN, C. "Como o rio que flui, passa, e está presente": A teoria do *self* na Gestalt-terapia. Em: ROBINE, J. M. *Self: Uma polifonia de gestalt-terapeutas contemporâneos*. São Paulo: Escuta, 2018, pp. 13-30.

YONTEF, Gary. M. *Processo, Diálogo e Awareness*: Ensaios em Gestalt-terapia. São Paulo: Summus, 1998.

Sofrimento humano e o cuidado terapêutico

Jorge Ponciano Ribeiro

> *Como verdadeira descarga vital, a dor sacode qualquer adormecimento, fulmina a imaturidade e leva o homem, frequentemente à força, a níveis muito mais profundos de compreensão de si mesmo e do mundo. Somente a fé vital, pessoal e dinâmica em Deus torna possível a fecundidade pedagógica da dor.*
>
> (E. Buch Camí)

> *Quando os joelhos se dobram, o coração se inclina, a mente se cala diante de enigmas que nos ultrapassam definitivamente, então as rebeldias são levadas pelo vento, as angústias se evaporam, e a paz preenche todos os espaços.*
>
> (I. Larrañaga)

Sofrimento humano e cuidado terapêutico, eu diria psicoterapêutico... o que vem antes disso? – uma história, estágios de confusão, de desesperança, de impotência. E o que vem depois?

— Cuidado, contato, amor, uma pessoa-corpo-no--mundo, vivo e próprio.
E o que vem no meio?
— A Vida.

O psicoterapeuta se coloca entre o passado e o futuro, convivendo simultaneamente num lugar chamado *instante*, onde passado e futuro se encontram, constituindo o presente transiente concreto, e por onde a flecha do tempo passa na direção do futuro à busca de horizonte, e possibilidades, proclamando que todo ser-humano é viável, dizendo: confia, vem, você pode! Somos seres em movimento. Mudar é uma condição humana. Mudar significa olhar o horizonte, testá-lo e ir em frente. A esperança é a mola, o instrumento sagrado de qualquer mudança. Só se vive a esperança quando o amor faz morada, habita o coração da gente. Um coração tocado pelo amor é um coração que faz da fé seu combustível original. Estamos em movimento e, muitas vezes, não nos damos conta de que a caminhada constrói o caminhante. Somos o resultado de nossas caminhadas. Elas nascem dos nossos desejos, dos nossos desencontros, dos nossos desafios, das nossas necessidades, das nossas circunstâncias, da nossa fé, do nosso amor a nós, ao outro, à natureza. O outro é também uma condição humana, não somos ilhas, somos penínsulas. Pessoas nos habitam dentro e fora e de todos os lados. O outro é parte do meu caminho, às vezes, sem ele, não dou um passo e, outras vezes, ele me constitui como o outro que mora nele, conflui comigo. Somos dois em um só corpo. Olho e não vejo ninguém. É assim mesmo, nem sempre o outro que mora em mim se deixa ver, se construindo ocultamente dentro de mim. Dorme na mesma cama, come no meu prato. Eu também, nas minhas noites introjetadas, habito o outro. Somos uma multidão, grãos de areia do deserto. Juntos, tema cara, um rosto.

A verdade mais difícil de experimentar é o caminho de nos tornarmos nós mesmos, é o caminho de volta para a casa, nossa casa. Somos filhos pródigos da vida, o caminho da abundância nos empurra para uma liberdade compulsiva, até que a escassez nos aponta a estrada da lucidez que nos conduz aos umbrais da volta a nós mesmos.

O outro, mais que um problema, é uma solução. Sou da mesma carne, do mesmo sangue, dos mesmos ossos que ele. "Ele" o que é isso?!

— É o que mora no apartamento do lado, há anos, e não sei seu nome; é o que está assentado no mesmo banco do ônibus e dorme, sem sequer me perceber; é o outro que me pede uma moeda e eu almoço tranquilamente, fingindo não vê-lo. Este outro é minha dor calada, é meu *stress* "sem causa", é o sorriso que morre nos meus lábios, sou eu, sem saber meu nome, minha cor e nem mesmo para onde ir. Eu simplesmente sou. Existo. Quando o outro não mora em mim, não adianta procurá-lo lá fora porque, se ele não é uma extensão do meu ser, jamais me vai encontrar, pois sou invisível, um mistério para ele.

O outro faz parte constituinte do meu campo, é, ao mesmo tempo, uma presença incarnada no e do meu ser, é uma presença que habita meu campo, com ou sem minha permissão. Ignorá-lo é desconstruir a possibilidade de uma *awareness*, enquanto uma consciência corporal na mobilidade que mundo-humano e não humano espera de cada um de nós.

A vida é para ser vivida. Ouvi de minha velha mãe muitas vezes: "meu filho, a vida é para ser vivida, pois a única coisa que você leva dela é a vida que você levou", mas nem esta levo, se o outro não me habitou, se não fez de minha casa seu lar, porque o vazio não sabe o caminho das estrelas. Não sabe descansar em paz, não descansa, apenas dorme.

Sofrimento humano... que causo ao outro, que o outro me causa, que causo a mim mesmo. Vivemos em estado de escolha, a liberdade nos condena a um estado permanente de escolhas e, por mais que escolha, não escolho o escolhido, estou sempre na periferia de meus desejos. Nada me basta, nem eu mesmo; sou devedor dos meus desejos, das minhas opções, por isso a dor, o sofrimento são resultados das caminhadas da procura de minha verdade, das minhas possibilidades. Abrem meus olhos, que o prazer, muitas vezes, cega, à percepção mais real de mim mesmo, dos meus limites, da minha condição de ser-no-mundo, de restaurar em mim a beleza que o tempo, espaço-tempo me levaram.

Sofrimento, dor, um desperdício, uma perda de sentido do "para que" da existência, um absurdo, um paradoxo, um mistério, sobretudo o sofrimento dos pobres, dos velhos, das crianças inocentes, quando dor e sofrimento se perdem nas categorias humanas do poder, da arrogância, do outro enquanto outro, e perdem sua função de mestre da alma humana, não transcendem, com-vivem na imanência da temporalidade de uma corporeidade lacrada no espaço vazio.

Sofrimento, independentemente de suas possíveis causas, é da condição humana, nasce do desencontro de nossa liberdade com nossas possibilidades, nasce de nadarmos contra a corrente no rio da vida que nos oferece desembocar no mar, sem nos darmos conta de suas margens sinalizadas.

O sofrimento é filho da dor da liberdade, liberdade dói, machuca, aprisiona, ensina. Pode ser um momento sublime, sofrido e angustiante de aprendizagem de nossa humanidade, de percepção de nossa corporeidade na temporalidade de nossas escolhas. Somos corpos-pessoas, gente que olha o caminho, embora, muitas vezes, comece a caminhada sem saber sequer de onde partiu para o amanhã de si mesmo. O sofrimento humano é desumano, incompreensível, porque inevitável e, muitas vezes, filho do medo, da culpa, do pecado, do olhar punitivo de Deus. Por trás do sofrimento, da dor está a busca silenciosa e cansativa da liberdade, a fuga das prisões das quais o coração é o carcereiro, a vontade de ser feliz, caminhadas em estradas sem saídas, a procura de si próprio.

Dor e sofrimento habitam a alma da humanidade, pois é ela que carrega nossos gritos de socorro, foi sempre assim e, desde o começo, até a felicidade está entranhada de dor e sofrimento. E disse Deus, em seguida, ao homem: *"Porque ouviste a voz de tua mulher e comeste o fruto da árvore que eu te havia proibido de comer, maldita seja a terra por tua causa. Tirarás dela com trabalhos penosos o teu sustento, todos os dias de tua vida. Ela te produzirá espinhos e abrolhos e tu comerás a erva da terra. Comerás o teu pão com o suor de teu rosto, até que voltes à terra de que foste tirado, porque és pó e em pó te hás de tornar".* (Gêneses 3.17-20)

Apavorante, amedrontador, terrível o vaticínio, a praga de Eloin.

E como se livrar dela?

Pois como um ferro em brasa, estamos marcados com a dor e o sofrimento. Esta maldição povoa o inconsciente humano e cultural da humanidade, não se pode dela fugir, está impresso na nossa carne, na nossa pele, nos mais finos tecidos de nosso ser.

Ao Jardim do Éden, entretanto, se opõe o Sermão da Montanha, assim falou o Filho de Jeová, embora os ouvidos da humanidade ainda tateiem para deixar esta mensagem habitar silenciosamente o coração das pessoas:

> "Aos antigos foi dito, Eu, porém, vos digo: "Não julgueis e não sereis julgados, não condeneis e não sereis condenados, perdoai e sereis perdoados, daí e dar-se-vos-á". (Lucas 6.37-39)

"Amais os vossos inimigos, fazei bem aos que vos odeiam, abençoai os que vos amaldiçoam, orai pelos que vos injuriam". (Lucas 6.27-29)

Eis as mais divinas Proflexão e Interação como o caminho de cura para nossas humanas dores. Esta é a dimensão sagrada da dor e do sofrimento: criar uma polaridade, não uma oposição. Sofrimento e dor como fontes de amor, de benção, de perdão, de maturidade, de limites. Talvez, dor e sofrimento sejam mestres que nos permitem crescer, olhar a vida com serenidade, entender que, sendo a dor e o sofrimento uma condição humana, podem se trans-formarem um ajustamento criador, que nos permita deixar nascer do *velho homem* que mora em nós o *novo homem*, que viverá, na sua corporeidade, a temporalidade de sua humanidade.

Sofrimento e dor não têm o mesmo DNA. O sofrimento tem mais a ver com a alma, com emoções que se perderam na busca de vivificar corpos semimortos, corpos-pessoas que não acreditaram que a luz do fundo do poço, que brota do fundo do poço, é única capaz de re-vitalizar feridas que a luz do meio-dia causou, porque não conseguiram con-viver com o clarão, com a luminosidade, com a força da força que a luminosidade do meio-dia provoca na alma das pessoas. Dor é filha de nossa corporeidade, de uma espacialidade que desconhece a temporalidade de nossas limitações humanas. Dor é fruto da insistência de lidar com uma evidência que se distancia dos limites humanos de nossa realidade.

E como lidar com dor e sofrimento, quando são condições humanas de sobre-vivência? Quem pode ser guardião, cuidador da dor do outro, quando ele mesmo está sujeito ao sofrimento? Será possível cuidar de dor, de sofrimento do outro, quando se está atento à própria dor e sofrimento, precisando do cuidado alheio? Acredito que só a partir de uma profunda consciência emocionada, de uma *awareness* corporal voltada para o mundo do outro e para seu próprio mundo, é possível ver e cuidar da dor do outro.

Não, não basta ver, sentir a dor e o sofrimento do outro, é preciso se incluir na dor dele e no seu sofrimento. Somente uma parceria emocional, uma cumplicidade espiritual, um por no colo a dor e o sofrimento do outro poderão fazer com que o cuidador acolha a necessidade de quem precisa ser cuidado.

Somente a vivência plena de nossas dimensões sensório-afetiva, racional e motora, de nossas dimensões existenciais de ambientalidade, animalidade e racionalidade, fundantes de nossa essência humana, nos permitirão experienciar a vivência da dor e do sofrimento, não como um peso, mas como um caminho possível, factível até, da saúde, bem como poderão ensinar ao cuidador o caminho de volta para a casa dele e daqueles que nele depositam a força de sua esperança. Dor e sofrimento não são abstrações universalizadas, são dimensões, dados que nos colocam em profundo contato com nossas limitações, com os apelos sem resposta de um interminável desejo de liberdade.

A Psicoterapia é uma ciência, um método, uma arte. Um instrumento sagrado que demanda do psicoterapeuta tirar sapatos, pisar a terra fecunda sob seus pés, se enraizar, buscar uma competência que o universo lhe oferece de graça, observar que o sol nasce e se põe todos os dias, que as estrelas se movimentam na imensidão dos céus à espera do alvorecer, sentir o calor de sua pele, correr des-vestido de si mesmo ao encontro do outro, dançar, ao som da orquestra da vida, a melodia chamada o Outro, com a mágica batuta chamada Contato, em suas mãos. Esta estrada é rica em pontes e atalhos como: contato, ajustamento criativo e criador, mudança paradoxal, relação complementar, figura-fundo, parte-todo que, de algum modo, são letras de uma música que o psicoterapeuta toca em contato com os estágios de saúde e/ou doença de seus clientes.

Estou pensando em como o psicoterapeuta, ciente de sua dor e de seu sofrimento, como seu cliente e, como ele, sujeito ao desamparo de um corpo em perene movimento, faz para sustentar a dor do outro sem sucumbir ao seu próprio sofrimento.

Talvez, o psicoterapeuta, vivenciando *o Ciclo do Contato entre a dor do outro e o cuidar* possa vislumbrar o caminho do outro, dando-se conta da conta que o levará até o outro, seu cliente.

Não tem como, simplesmente, colocar o psicoterapeuta no Ciclo do Contato. De fato, ele nasce ali, é feito de contatos, contato como expressão de vida na sua forma fragmentada de saúde e doença, expressões de um *self* que se apresenta como Id, Eu e Personalidade, por meio de dimensões humanas, de sensações, afetos, movimentos e pensamentos pensados, sofridos. Vou andar por aí entre o Id, o Eu e a Personalidade, vou procurar, como aqueles que escrevem, que ensinam, dizer como ele, o psicoterapeuta, sente, pensa, faz e fala.

Vou expor para você, meu leitor, uma teoria, uma hipótese de percepção de nossa humanidade em ação, em movimento por meio da dor de viver, de viver sem dor, o que chamo de saúde aqui-agora, o vivido em forma de contato, de resgate da experiência imediata.

Vou colocar o psicoterapeuta em contato real com o Id, em seguida com o Eu, e depois coma Personalidade.

O *Id* é um fundo de situações inacabadas que são percebidas, ora de maneira vaga, ora consciente, dependendo da sua relação ambiente –organismo. Quando o *Self* repousa, relaxa, o *Id* se torna "passivo, disperso e irracional: seus conteúdos são alucinatórios e o corpo se agiganta enormemente" (PHG, p.186). O *Id* é o lugar das emoções, do antigo, do estranho, dos afetos não sabidos e ele se expressa, sobretudo, por meio da *fixação, da dessensibilização e da deflexão.*

Ora a dor, ora o sofrimento surgem em forma de *"Fixação",* com a letra *"parei de existir".* É a dor de não saber lidar com as surpresas da vida, com a realidade que fere, com novas situações com as quais o cliente não sabe lidar, com apego excessivo a antigas ideias e uma imensa dificuldade de lidar com o diferente. Quando se está na fixação, o que emerge como figura não tem a qualidade do novo, isto é, a unicidade que cada momento pode nos revelar, porque sempre há uma figura emergindo no campo da consciência. Apegado à "mesmice" do conhecido, o cliente se perde em um ciclo vicioso, em que a estagnação não reconhecida lhe traz a falsa segurança em relação ao devir. Ao mesmo tempo, entretanto, mantém-lhe privado da energia vital que vem do novo, da vida, vida que é movimento, ou seja, em alguns aspectos da sua existência, como um "morto-vivo", ele passa pela vida com um sentimento de que algo lhe falta. Do outro lado da linha, entretanto, vem a saúde no vagão da vida, trazendo *"Fluidez",* renovação, espontaneidade, coragem de lidar com riscos, recriando a própria vida, numa relação ambiente-corpo num campo de presença de novas energias. Fluidez, raiz do pré-contato, é experiência de vida, é estar entregue ao mistério da vida, é o próprio movimento de se abrir para que uma nova figura emerja, pois cada momento é único, imprevisível.

A estrada do caminho da dor e do sofrimento é de uma profunda **"Dessensibilização",** que traduzo como "não sei se me sinto". A pessoa se sente entorpecida, minimiza as sensações, fica fria, anestesiada, meio morta, em profundo desconforto com seu corpo, é a dor do fazer de conta, de não suportar sentir as próprias emoções. A contrapartida é a vida que grita por meio da **"sensação"** de sentir de novo a pele, um novo corpo nascendo de um velho corpo, a relação ambiente-corpo vibrando por meio de estímulos novos, sentindo o outro, humano e não humano acelerando as batidas do coração. A dor da "**Deflexão**", do "não consigo me dar conta...", do evitar contatos diretos, do não poder se permitir saber do que lhe aflige, do não encarar suas necessidades. Por "'não poder' saber", coloca-se condenado ao sofrimento, interrompido na inconsciência do que o aflige. A dor da inconsciência pelo medo de se sentir des-valorizado, apagado e, sobretudo, o medo do uso adequado do sim e do não. Medo de não ser amado, um eterno faminto de um colo quente. Tudo, entretanto, que nasceu tem dentro dele todas as possíveis soluções para continuar vivendo por meio de uma consciência reflexa, motora, lançada no mundo: o dar-se conta, a *awareness* de si mesmo num corpo em movimento. Aprender a se perceber no aqui-agora, a con-viver com o diferente, com o outro que habita seu ser-pessoa-corpo-emação é a possibilidade de apropriar-se da própria existência, o sabor do sentir-se vivente em relação.

Estes processos da dor, do sofrimento e da saúde nascem de uma região Id, de antigas excitações orgânicas, de situações desconhecidas, inacabadas e, embora como dissemos, o **id** seja passivo, disperso, irracional, ele conecta a relação organismo-ambiente permitindo que, por meio da *awereness,* o corpo se agigante e se faça presente como instrumento de cura.

O psicoterapeuta é, por princípio, um cuidador, e será um curador na medida em que ele se faça presente para si mesmo, se torne conectado com ele, sendo que está, de fato, cuidando dele e se permita incluir no outro, num processo de epochê emocional, de tal modo que o outro, cliente, seja parte viva, constituinte até de sua sensação de ser profissional da saúde.

Saímos, agora, da função Id do *self*, vamos para a função **Eu** do *self* que envolve processos de introjeção, projeção e retroflexão.

O **Eu** é tanto um universo que gera possibilidades, como o afastamento delas. Supõe sempre a pessoa em movimento, se mobilizando, agindo e interagindo. Age por meio de opções ou da fuga das mesmas. É o universo da relação ambiente-corpo-pessoa, aqui-agora. O Eu é um cúmplice do **Id** e da Personalidade. Às vezes, funciona como uma pedra no meio do caminho. Podemos saltá-la, dar a volta em torno dela, "passar por baixo". Ele simplesmente está ali.

De vez em quando, fecho os olhos e aí aparece uma estranha sensação, tipo do que chamamos de **Introjeção** que se traduz por: "Ele existe, eu não..." "... algo do ambiente dentro do organismo", os outros sabem das coisas melhor que eu, vive com "deves" internalizados, deseja mudar, mas tem medo do resultado e, o pior, é dominado pelo medo, magoa, culpa e raiva. A esperança, entretanto, é nossa eterna guardiã. Temos o instinto de auto-organização organísmica. Aí o Eu acorda, dá uma olhada em volta e descobre que não precisa temer a própria mudança, fica mais atento aos seus direitos, sai da rotina, começa a se fazer sua própria opção, o outro... problema dele..., finalmente. Uma **"Mobilização"** transformadora começa a encher o seu vazio, levanta a cabeça, olha para frente. Maravilhosa sensação: eu existo! O outro é o outro, não pode ser um eu estranho e invasor que mora dentro de mim. "Eu sou eu, ele é ele, faço minhas coisas, ele faz as dele". O caminho se faz caminhando, mãos à obra...

O Eu dá um passeio para fora dele, olha o outro com suspeita e aí aparece a **"Projeção"**, um movimento que pode ser descrito assim: "Eu existo, o outro eu crio", sendo este seu lema. Por não poder aceitar, me apropriar do que é meu, jogo no outro o que, em algum lugar, é meu, não sei muito o que é meu e o que é do outro, por isso preciso pensar muito antes de agir. Detesto me sentir culpado. Gosto de "inventar moda", ser criativo a partir do nada. Sou autocentrado, pago para ver, ainda bem que, muitas vezes, me afasto do "perigo", antes que sobre, de fato, para mim. Não confio tanto em mim como me forço a entender. Às vezes, percebo que o outro mora na minha fantasia, na minha imaginação. Eh! Apesar de não gostar de correr riscos, vou levando. Meu outro lado acorda. O bom senso começa... E o Eu se move, olha para frente, e diz "estou no campo da": "**Ação**", horizonte à vista, eu posso. Posso acreditar no outro, enxergar o que sou eu, o que é meu, assumir responsabilidades, ser minha própria causa e efeito, ver o diferente como algo natural, ser capaz de fazer meu horizonte acontecer a partir do meu olhar. Não preciso de coragem, preciso de mim. Como é difícil dar um passo à frente, quando se acostuma com um falso senso de "estou certo".

De novo, o eu se coloca entre a realidade e a fantasia, se divide entre suas possibilidades e vive momentos de "**Proflexão**", que pode ser traduzida assim "não sou bem eu, nem bem o outro, i.é, faço com o outro o que eu gostaria de fazer a mim mesmo ou o que eu gostaria que o outro me fizesse. Negócio ora comigo, ora com o outro; ora o outro é figura, ora é fundo, mas, muitas vezes, quando ele é figura, tendo a vê-lo como fundo". E aí está o perigo. Submeto-me passivamente ao outro, tenho dificuldade de ser minha própria fonte de nutrição, não percebo o que é meu e o que é do outro. Ninguém é delegável, nem eu, nem ele. Entendo que o caminho de volta para casa se chama o outro, e que, se ele não me faz face, não consigo perceber aonde me encontro. O caminho é ir na direção da "**Interação**" que se traduz assim: Penso que preciso me aproximar do outro sem esperar nada em troca.

Preciso entender que sou livre e que sou minha própria fonte de opção. Preciso agir de igual pra igual, de dar pelo prazer de dar. Entender que o outro não é a solução, apenas um pedaço da estrada. O Eu habita o desconhecido, mora na imaginação e no coração do outro. Convive com ambiguidade e com a ambivalência, desconhece o necessário, piora na opção. Se confio, posso ultrapassar, fui feito, criado para dar certo. Sou meu inseparável, insubstituível companheiro. Feito para ser feliz, me convido a mim mesmo a um amor sem restrição, livre de mim e do outro que mora lá e aqui, e a entender o que é presença, o outro.

A personalidade como uma Teoria de Personalidade tem uma abrangência de universalidade, veste com a mesma roupa todo o ser humano. Somos todos uma coisa universalizada, constituída, chamada personalidade. Já a **Personalidade,** enquanto uma função do *self*, é indivisível, particular, própria de cada um. Ela nos individualiza do outro, descreve e explica nosso comportamento, é nossa estrutura de atitudes e de comportamento, é o *self* corporificado, na direção da formação e transformação de gestalten, é um sistema simples, se a experimento sem pensar nos meandros de sua estrutura. É deixá-la acontecer. É viva, atenta, mas como um céu com nuvens, ora abre, ora fecha. Precisa saber conviver com ela.

Estamos saindo da função Eu do *self* e indo para a Função Personalidade do *Self*, a qual envolve processos de Retroflexão, Egotismo e Confluência.

Como com os outros sistemas que geram o sentir, o fazer, sou um corpo-pessoa que pensa, quer, imagina. Sou também dúvidas e avanços. Sou, também, aqui-agora, **"Retroflexão"**, um céu fechado com brechas para o sol passar, prometendo esperança de um novo dia. Se estiver frio, conserve seu agasalho, frio muito contínuo ou intermitente pode fazer muito mal. Você é tão importante quanto o outro, não entregue o seu agasalho ao outro, pois, quando você precisar, o outro não necessariamente estará aí para lhe dar. Não aprenda a conviver com o frio. Não tome para si a dor do outro, a dor do mundo, a sua dor já é bastante, e o seu corpo não precisa ser o repositório dos sentimentos que você não se permitiu expressar. Não se sinta responsável pela sua dor, pelo seu sofrimento, pelo seu prazer. Não espere que os outros sejam como você deseja que eles sejam. Ele é ele, você é você, lembre. Não ame o outro-humano-não-humano mais do que você mesmo. Não seja seu inimigo. Sua exclusividade existencial é sua força e seu horizonte. Só se amando acima de tudo e abaixo de Deus, encontra-se o caminho do perdão, do amor, do "**Contato final**", que é a maneira mais simples de ser feliz sem culpa. Eis um programa existencial sem epochê. Você é livre, voe, se puder levar alguém sob suas asas, leve-o, se não, deixe-o no aeroporto, encare a dor, o sofrimento diretamente, também o seu prazer, seu sorriso, sua felicidade. Você é o começo, o meio e o fim de você mesmo. Nada começa fora de você. Olhe seu passado a partir de hoje, deste instante, deixe a flecha do tempo conduzir você ao futuro, esqueça o passado. Não serve para nada... lembre, você é seu corpo, seu corpo é você. Sustente o seu prazer, usufrua da sua vida, permita-se sentir-se merecedor.

 Estamos chegando ao fim com a mais emblemática das etapas do contato: "**Egotismo**". O egoísta pensa, se preocupa com o outro, e decide por ele mesmo. E egotista é ele; o outro, uma sombra, existe na razão em que lhe é útil, o outro não mora, sequer habita o interior do egotista, ou, melhor, habita, faz parte do resto, do descartável. Vive uma fragmentação clássica ambiente e organismo, o ambiente existindo para ele e não ele como parte do ambiente. O futuro é seu presente, não pode ter surpresas. "Pensa ter o controle nas mãos". Sensação permanente de poder, de controle. Sem emoção, vive a solidão e o abandono como forma de contato, detesta o incontrolável, o diferente, o surpreendente. É elegante, ativo, vaidoso, gosta de tudo no lugar. Não diria que é infeliz, com certeza diria que está sempre inacabado, porque mesmo quando acaba, não termina sua fome. A natureza, entretanto, nunca acerta ou erra por completo, por isso, na outra ponta da linha do egotismo está a "**Satisfação**", capacidade humana de agradecer o apenas agradecido, de reconhecer no outro uma fonte real de nutrição, porque o prazer real, a sensação do momento da completude vem do encontro.

Nenhum ser humano tem o privilégio da con-vivência da totalidade, síntese ontológica de nossa presentificação na carne, corporificada na nossa relação essência-existência. Esta síntese dá-se na eternidade de cada momento e, nesse átimo de segundo, a totalidade é vivenciada na experiência do prazer da completude do fechamento da situação inacabada. O egotista é impenetrável? Não. Ele vive, pensa, faz e "sente" na razão em que alguém consiga encontrar a porta de seu ser, de seu mistério. Ele é gente e, neste lugar, existe o lugar da esperança, ele pode perceber o outro como um possível descanso de sua solidão, que a vida encerra possibilidades e dividi-la pode melhorar a aspereza da estrada.

  O final de nossa caminhada teórico-existencial é a "**Confluência**", síntese operacional de nossa individualidade e singularidade. Aqui, nos perdemos no outro, no outro outro. O nós reina soberano sobre o eu e o tu. Excitação e estímulos desapareçam. Ambiente e organismo viram ambiente-organismo no sentido da não distinção entre o eu e o tu-humano-e-não- humano. A alma de um se confunde com a do outro, valores, crenças, atitudes alheias são vividas religiosamente por ambos. Temendo o isolamento, pagam o peço da própria entrega. A experiência do aqui-agora perde sentido, a consciência se perde, a *awareness* passa batida.

Milagres, porém, acontecem e eis a "**Retirada**" que existe, funciona e vale a pena. A volta ao coração da casa, ao lar das emoções pessoais e próprias, apreendo: eu sou eu, ele é ele. Não estou aqui para desaparecer no outro. Sou diferente, a vida da vida é vivê-la aberto para a liberdade ser humano. Retirar significa: se entender como um presente da vida e, sobretudo, que a vida é única, singular, não delegável.

Caro leitor

Caminhei com você entre dor e sofrimento nos sintomas, nas interrupções, nos estágios do contato, bem como entre a saúde nas suas formas de expressões de fluidez, sensações, ações, valores. Basta por agora, por hoje. Entre saúde e doença existem muitos caminhos, singulares, individuais, não perceptíveis, não delegáveis. Caminhei muito livremente com você, ora conversando, dialogando, falando para você escutar. O psicoterapeuta... "deixei ele" um pouco de lado, sei que ele nos seguia. Ser psicoterapeuta é com-viver com a angústia da intersubjetividade, uma longa travessia entre sua subjetividade e a do cliente. Vislumbro naquilo que chamo de *regra básica da Gestalt-terapia,* sua ética e sua estética: "Gestalt-terapia é permissão para criar" (Zinker), *porém não improvise* (Laura) *e o limite é a ética, a não violência* (Petruska Clarson)", um caminho *Gestalt-terapia é.* Ele não tem opções, aliás, tem uma: per-corrercaminhos exatamente como surgem à sua frente, alimentado pela crença de que somente a experiência profunda da epochê, do abandono de todo saber constituído, na crença da sabedoria da dor e do sofrimento como degraus de mudança, na intuição de que o medo da dor e do sofrimento aproxima a pessoa de seus mistérios, é capaz de fazer com que ele e seu cliente conheçam, de verdade, o sentido da vida.

Referências

CAMI. E. Buch. 2000. *Dicionário de Pensamento Contemporâneo*. São Paulo: Paulus Ed. Pg. 706.

LARRANÂGA. I. 2000. *Dicionário de Pensamento Contemporâneo*. São Paulo: Paulus Ed. Pg.705.

Referências complementares

CAPRA, F. 1996. *A Teia da Vida. Uma Nova Compreensão Científica dos Sistemas Vivos.*: São Paulo: Ed. Cultrix.

GARCIA-ROZA, L.A. K.,1974. *Psicologia Estrutural em Kurt Lewin.* Petrópolis/R.J.: Ed. Vozes

HYCNER, R. 1995. *De Pessoa a Pessoa. Psicoterapia Dialógica.* São Paulo/SP: Summus Ed.

JULIANO, J.C. PELIPPE. I.M. 2017. *O tear da Vida. Reflexões e vivências psicoterapêuticas.* São Paulo: Summus editorial.

MORIN, E.1990. *Introdução ao Pensamento Complexo.* Instituto Piaget. Lisboa.

PENA-VEGA, A.2003. *O Despertar Ecológico. Edgar Morin e a ecologia complexa.* Garamond/ R.J.

RIBEIRO, J.P. 2011. *Conceito de Mundo e de Pessoa em Gestalt-terapia.* São Paulo/SP: Summus Ed.

RIBEIRO, J.P. 20. *Holismo, Ecologia e Espiritualidade.* São Paulo/SP: Summus Ed.

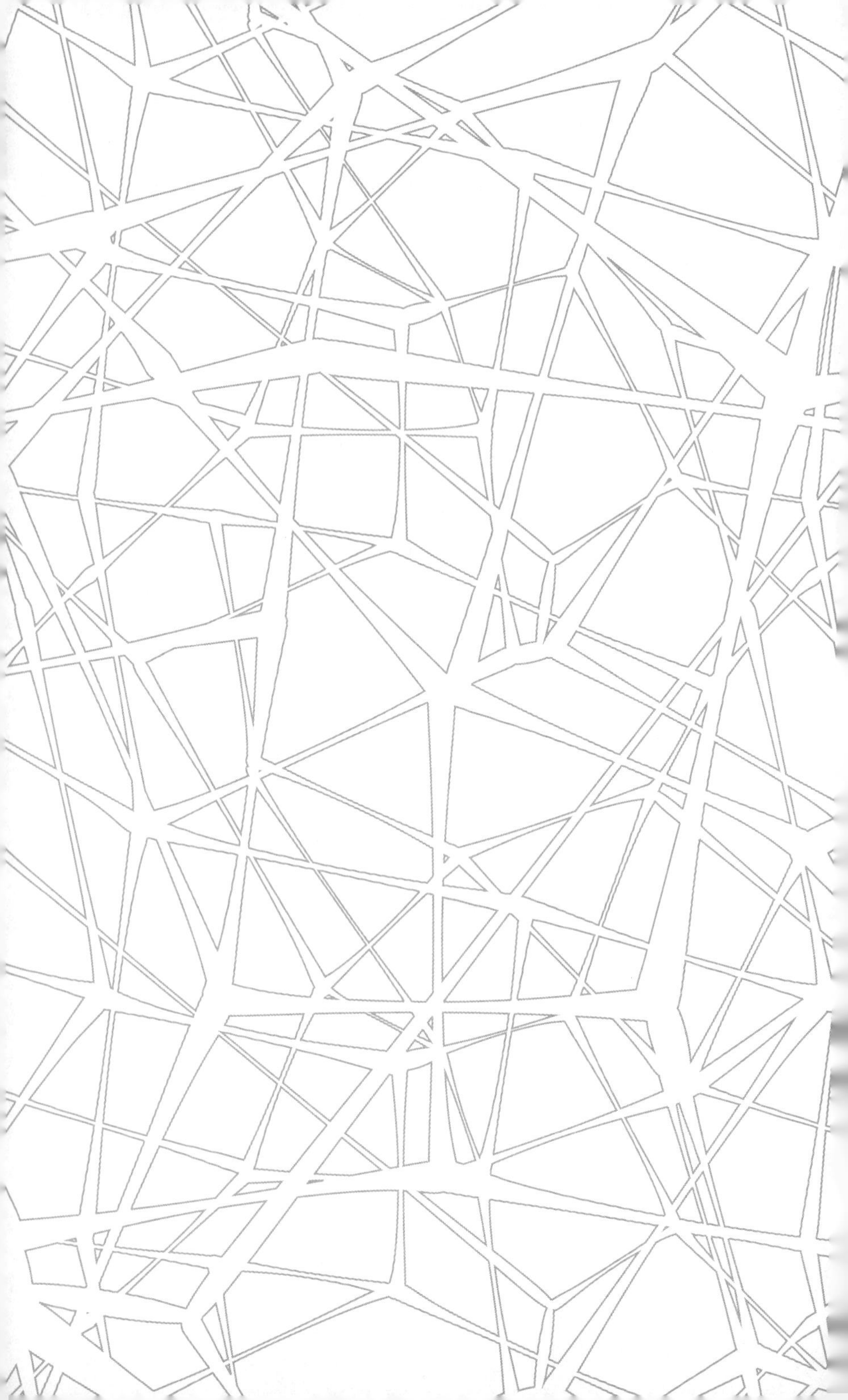

5

Um olhar da Gestalt-terapia em intervenções de situações de emergência e desastre

Maria Alice Queiroz de Brito (Lika Queiroz)

> *Tanta lama, tanta destruição,*
> *no meio de tanto verde só ficou poluição.*
> *Tristeza é o que todos têm sentido,*
> *mas com a ajuda dos bombeiros,*
> *tudo vem sendo resolvido.*
> *Dia e noite eles trabalham procurando vítimas,*
> *ajudando famílias que esperam por notícias.*
> *Ser bombeiro não deve ser fácil,*
> *precisa de força e muito trabalho.*
> (HELENA SILVA, 2019)[1]

O termo emergência vem do latim *emergentia*, e significa situação crítica, acontecimento perigoso ou fortuito. (DICIONÁRIO AURÉLIO, p. 511). Em um momento planetário, no qual cada vez mais nos vemos avassalados por catástrofes

---

[1] Helena Silva tem 10 anos, mora em Congonhas, Minas Gerais, e escreveu esse poema tocada com a tragédia ocorrida pelo rompimento da barragem da mina Córrego do Feijão, em Brumadinho, Minas Gerais.

ambientais, dizimações em massa, violência urbana, como gestalt-terapeutas, somos convidados a refletir como podemos contribuir para minimizar esse sofrimento humano, o qual vem acontecendo em grande escala. Trabalhar com essa dimensão, que vai do socorro individual ao coletivo, do enfrentar situações de alto risco, do buscar algum porto seguro ao encontrar forças para sobreviver, quando o horizonte do futuro desapareceu, convoca-nos a acreditar no humano, na sua capacidade de se autorregular, mesmo nas situações mais inóspitas, a não perdermos a fé e nem a esperança. É uma dimensão de trabalho que exige não apenas a nossa competência técnica, mas principalmente a competência pessoal, nossa capacidade de lidar com os próprios medos, inseguranças e emoções, pois uma intervenção inadequada pode retraumatizar a pessoa ou o grupo que você esteja atendendo no momento e ser a diferença entre a vida e a morte. Com esse capítulo, espero poder contribuir não só com o aspecto técnico do trabalho com situações de emergência, quanto com a dimensão pessoal. Esse é e sempre será o nosso desafio, pois essa profissão nos confronta, todo o tempo, com nossa subjetividade.

Para discutirmos como lidar com situações de emergência, faz-se necessário caracterizar o que seja emergência. Segundo a Organização Pan-Americana de Saúde (OPAS, 2002), emergência é

> [...] situação catastrófica ou desastre que se produz por um evento natural (terremoto, erupção vulcânica, furacão etc.), acidente tecnológico (explosão industrial) ou diretamente provocado pelo homem (conflito armado, ataque terrorista, acidentes por falha humana) em que se vê ameaçada a vida das pessoas ou sua integridade física ou se produzem mortes, lesões, destruição e perdas materiais, assim

como sofrimento humano. Em geral, sobrecarregam os recursos locais, que se tornam insuficientes, ameaçando a segurança e o funcionamento normal da comunidade. (OPAS, 2002, p. 9)

Desastre é definido pela OPA como uma

> "[...] ruptura grave no funcionamento de uma comunidade ou sociedade, causando perdas humanas, materiais, econômicas e ambientais generalizadas, que excedem a capacidade da comunidade ou sociedade afetada de lidar com a situação utilizando seus próprios recursos. Acontecimento que sobrecarrega a capacidade local, necessitando de ajuda externa em nível nacional ou internacional. (Franco, 2015, p. 30)

O Ibama (2017) fala sobre emergência ambiental e acidente ambiental, definindo o primeiro como "ameaça súbita ao bem-estar do meio ambiente ou saúde pública em decorrência de falhas em sistema tecnológico, industrial, ou ainda devido a um desastre natural, constituindo-se em situação de gravidade que obriga a adoção de medidas apropriadas", e o segundo como "evento não planejado e indesejado que pode causar, direta ou indiretamente, danos ao meio ambiente e à saúde pública e prejuízos sociais e econômicos." (Instituto Brasileiro do Meio Ambiente e dos Recursos Naturais Renováveis, 2017).

A Cruz Vermelha Internacional (2010), que tem como uma de suas missões a prevenção de desastres e a redução de riscos ambientais e urbanos, categoriza os desastres como naturais: provocados por fenômenos geofísicos, biológicos, climatológicos, hidrológicos e meteorológicos, ou tecnológicos: acidentes industriais, acidentes com transportes e acidentes diversos, como explosões, incêndios, desmoronamento de estruturas domésticas ou industriais. (INTERNATIONAL FEDE-RATION OF RED CROSS AND RED CRESCENT SOCIETIES, 2010).

A emergência é, portanto, uma situação crítica, um acontecimento inesperado, que o poder público, por meio da Secretaria Nacional de Defesa Civil (2007), reconhece legalmente como uma situação anormal, desencadeada por desastre, a qual traz danos graves à comunidade afetada, comprometendo a integridade física e emocional das pessoas afetadas, ou seja, ao causar danos materiais, humanos e ambientais, traz prejuízos econômicos, culturais e sociais. Estamos falando de situações extremas e eventos que podem ser traumáticos. Situações traumáticas podem ser definidas como "eventos para os quais o indivíduo ou o grupo não tem suporte interno necessário para integrá-los, tendo um impacto, gerando situações inacabadas, interrupções de contato, trazendo um impacto fisiológico, emocional e cognitivo, interferindo com as relações de campo organismo–meio (BRITO, 2018). Como mostram Levine (1999) e Ross (2008, 2014), traumas são eventos que desafiam, bloqueiam a capacidade de reação, sobrecarregando a capacidade de sobrevivência, causando alterações bioquímicas, e uma sobreativação do sistema nervoso autônomo. Quando os eventos traumáticos atingem um grande número de pessoas, falamos de trauma coletivo. As situações de emergências e desastres, por serem acontecimentos geralmente inesperados, súbitos e profundamente assustadores, geram o que tecnicamente se chama de *trauma de choque*, provocando sentimentos de medo intenso, desamparo e perda de controle. Podem também provocar trauma de choque de desenvolvimento que é um trauma de choque que acontece durante algum estágio do desenvolvimento infanto-juvenil (sic), prejudicando-o (Ross, 2014).

A Gestalt-terapia considera como saúde o indivíduo ou grupo que possuírem habilidades para lidar eficazmente com qualquer situação que se apresente, no aqui-agora, alcançando uma resolução satisfatória de acordo com a dialética da formação e destruição de *gestalten* (LATNER, 1996). Em um "contexto saudável", a carga emocional, embora no momento provoque uma alteração no sistema nervoso, faz a excitação gerada por ela se situar no que Odgen, Minton e Paim (2006) chamaram de janela de tolerância afetiva, e Perls, Hefferline e Goodman (1951) chamaram de emergência segura. A excitação fisiológica e emocional pode ser automaticamente digerida pelo mecanismo de autorregulação inerente ao organismo, podendo as pessoas integrar e resolver a situação vivenciada, não gerando interrupções fixadas no processo de abrir e fechar *gestalten*.

No contexto das situações traumáticas, como as emergências e os desastres, os ajustamentos criativos neurológicos para recuperação do estresse, e consequente homeostase, são insuficientes para dar conta do trauma, gerando uma sobreativação do sistema nervoso autônomo, conforme representado no diagrama abaixo, provocando diferentes reações nas vítimas, que são importantes de serem compreendidas e identificadas pelos profissionais que vão trabalhar com esses contextos.

JANELA DE TOLERÂNCIA AFETIVA (Ogden et al., 2006)
EMERGÊNCIA SEGURA (PHG, 1951)

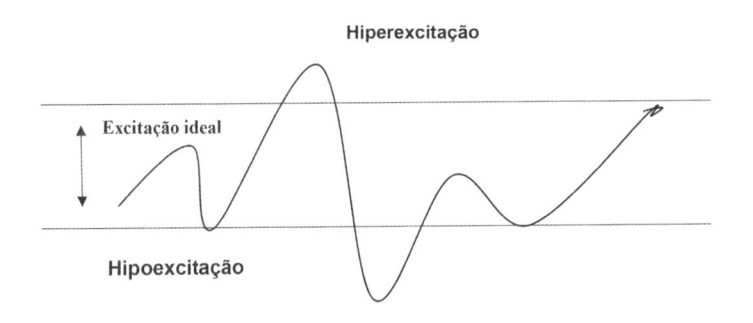

Ao enfrentar uma situação ameaçadora, a reação que vem do modo de funcionar do *self*, como **id**, da ordem do pré-contato, é irrefletida. Os cérebros reptiliano e límbico assumem o lugar do néo-córtex, provocando reações defensivas instintivas de luta, fuga ou congelamento, a depender de que ramo do sistema nervoso autônomo seja ativado:

1. na hiperexcitação, o sistema nervoso simpático é ativado, assim, promove um aumento do metabolismo, prepara o organismo para a ação de proteção ou defesa, gerando uma hipervigilância e uma reação de sobrevivência superativada de luta ou fuga.
2. o sistema nervoso parassimpático, apesar de ser o sistema de conservação de energia, cuja função é preparar o organismo para o repouso e relaxamento, ajudando a restaurar a homeostase, na hipoexcitação é ativado, provocando um entorpecimento e dessensibilização e desencadeando a resposta de congelamento, bloqueando com isso a ativação do sistema nervoso simpático, sem descarregá-lo. (Ross, 2008; Ross, 2014; Joyce e Sills, 2016).

Segundo Joyce e Sills, "Se estivermos hiperexcitados ou hipoexcitados, podemos nos tornar emocionalmente caóticos ou apaticamente dessensibilizados em nossa reação" (2016, p. 319).

Assim, as emergências e desastres tornam-se fatores de desorganização, gerando fixações de ajustamentos criativos, ou seja, respostas repetitivas de defesa de sobrevivência que "se tornam incorporadas na estrutura da personalidade como *gestalts fixas*" (Taylor, 2014, p.13).[2]

---

[2] Tradução da autora.

Embora o primeiro trabalho publicado sobre intervenções em crises, do suíço Edward Stierling sobre o atendimento a pessoas envolvidas em uma mina de carvão no norte da França, tenha surgido em 1909, só na década de 30, por meio dos estudos de Kurt Lewin sobre grupos, foi que se começou a pensar em atuar com grupos, pois, até então, mesmo em situações coletivas, o trabalho era focado na vivência individual. A influência de Lewin no desenvolvimento de modelos de intervenção com grupos grandes e pequenos, importante para as situações de crises coletivas, tornou-se significativa principalmente a partir das décadas de 70 e 80. (Cogo et al, 2015). A Teoria de Campo de Lewin também foi um dos pilares para a Gestalt-terapia, como afirma Taylor (2014).

> "Gestalt-terapia tem uma compreensão única de holismo, enraizada na teoria de campo Lewiniana, fornecendo um contexto para a experiência [...] incluindo o organismo ou o fisiológico. Para os Gestalt-terapeutas, self-e-outro (também referido como ambiente ou campo) são vistos não como entidades separadas, mas com indissolúveis, self sendo uma função do campo". (p.11).[3]

Como já foi visto, não é possível pensar em emergências e desastres sem considerar essa visão holística do homem que, além da inclusão das dimensões psíquica e biológica, traz a dimensão do ambiente; de acordo com Perls (1977), "Um organismo não é independente do ambiente. Todo organismo necessita do ambiente para trocar materiais essenciais [...]" (p.19). Ao pensar o homem como um ser que se constrói no mundo, estamos incluindo a dimensão sociocultural, essencial para o trabalho com essas situações, em que precisa considerar

---

[3] Tradução da autora.

o contexto social, os valores, significados culturais, costumes e hábitos da população vitimizada. Segundo Costa et al. (2015), "os processos socioculturais também exercem influência sobre as formas de significar o acidente, ou seja, a maneira como cada família lida com crises depende dos fatores sociais e culturais, facilitando ou dificultando a intervenção" (p.131).

Além disso, trabalhar com trauma é estar todo o tempo considerando os aspectos neurofisiológicos que, de novo citando Taylor, fez parte do início da Gestalt-terapia. "[...] A conceituação de Perls de self-e-outro foi influenciada pelo ano em que ele passou como assistente do neuropsiquiatra Kurt Goldstein. Bem além do seu tempo, Perls intuitivamente antecipou as descobertas das pesquisas em neurociência" (id. Ibid. p. 11-12).

Para Ribeiro, a Gestalt-terapia considera o comportamento humano "como fruto da relação pessoa-organismo--meio, no qual tudo está incluído, embora só e apenas, em um dado campo e em um dado momento" (2011, p. 56). O trabalho, portanto, demanda não apenas o conhecimento técnico especializado sobre as intervenções nas crises provocadas pelos desastres, como também o conhecimento, o saber lidar com as diferenças culturais, o manejo grupal, a avaliação da situação, das necessidades psicossociais e dos recursos disponíveis, o desenvolvimento de estratégias de enfrentamento eficazes, o fortalecimento das redes de apoio e ações de cidadania, assim como estabelecer contatos com agentes governamentais e órgãos de saúde, parcerias com empresas privadas; ou seja, o trabalho é focado na busca de soluções locais, considerando-se as características daquele campo, naquele *momentum*[4] (COGO et al., 2015).

---

[4] Palavra latina que expressa um tempo abstrato, o qual acolhe tudo, não apenas considerando o dado agora, o *momentum* acolhe o momento e vai além. Assim, ao falarmos de *momentum*, estamos nos referindo não só ao

Trabalhar com emergências e desastres convida o gestalt-terapeuta a sair "da atitude padrão, previsível e controlada, de quem trabalha entre quatro paredes para se lançar em um espaço aberto de atuação, sem fronteiras demarcadas e sem medidas prévias de tempo" (PALOMBINI, 2004, p. 24); levando-o a estar diretamente no território em que os conflitos acontecem. O trabalho, na maior parte das vezes, é realizado em locais públicos, de difícil acesso não apenas devido ao acidente em si, como também pelo movimento dos familiares, da imprensa e de curiosos, em meio a gritos, choros, cheiros, alterações de temperaturas, no caos inerente à tragédia. Nesse contexto, o tempo é de fundamental importância, podendo ser um divisor entre a vida e a morte; assim, as intervenções têm, na sua maioria, um caráter imediato, em que o profissional deve, em questão de segundos, avaliar a situação e intervir. Para isso, é importante considerar a classificação das vítimas, realizada por Taylor (1987), porque cada nível demanda um dimensionamento específico na escolha do atendimento: o primeiro nível abarca as pessoas que sofreram o impacto direto do acidente; no segundo estão os familiares das vítimas; no terceiro, os membros das equipes de primeira resposta ao acidente; no quarto está a comunidade; no quinto as pessoas que tomaram conhecimento do acidente e, no sexto, quem deveria estar no local, mas estava ausente por motivos variados.

  Neste capítulo, focarei nas vítimas de primeiro e segundo níveis.

  O trabalho se constitui eminentemente de ações terapêuticas. Brito (2002, 2003) define ação terapêutica como

> momento imediato da emergência, mas também ao momento existencial mais amplo, ou seja, ao fortalecimento da população, dos recursos locais para além dos existentes no contexto pré-desastre.

uma ação ou conjunto de ações direcionadas para o problema hierarquizado no momento como prioritário, intencionadas para a promoção de mudanças. Mudança no sentido de possibilitar a *awareness* do indivíduo, ou do grupo, sobre o que está acontecendo consigo e com seu entorno. O primeiro foco de ação da equipe, chegando ao local do acidente, é o resgate físico, envolvendo a retirada das vítimas das zonas de perigo, o cuidado médico dos feridos, abrigo, alimentação e vestimenta para os desabrigados, ou seja, uma proteção temporária para os impactos traumáticos adicionais. Considerando que as vítimas apresentam reações emocionais de choque e desordem que podem durar segundos ou minutos (COSTA et al., 2015), o objetivo do Gestalt-terapeuta, nesse primeiro momento de intervenção com as vítimas de primeiro nível, é reduzir o estresse agudo, diminuindo a hipo ou hiperexcitação do sistema nervoso autônomo e, com isso, restaurar a dominância do funcionamento cognitivo sobre as reações emocionais, como também reativar os ajustamentos criativos de adaptação que estejam interrompidos. Precisamos lembrar que "A experiência traumática total é condensada em um único momento, isso fica armazenado no corpo como uma memória somática" (GROVE, 1989, p. 50). Para tanto é importante que o gestalt-terapeuta faça uso dos recursos somáticos de enraizamento, principalmente o enraizamento ocular, e as técnicas de respiração, fundamentais para tirar a vítima do estado de choque e desorganização. Ajudam também nas intervenções de comportamento direcionado voltadas para o contato com os suportes físicos e ambientais, e a localização das sensações e sentimentos no corpo, principalmente a sensação de segurança.

Em um segundo momento, vai se trabalhar a *awareness* do que aconteceu com os sobreviventes e as possibilidades de apoio familiar e/ou da comunidade, e facilitar o contato com esses recursos. Na Gestalt-terapia, a ênfase é evitar o "falar sobre", trazendo a pessoa ou as pessoas, com as quais se está trabalhando, para o experienciar. Entretanto, é fundamental, desenvolver o suporte interno da pessoa ou das pessoas com as quais esteja trabalhando, para que o conteúdo do que aconteceu possa emergir como figura sem retraumatizá-las; não se pode perder de vista que todo experimento é um convite ao cliente a se experienciar em um contexto de segurança. Experimentos de enraizamento e respiração, principalmente a respiração de base e respirações que ativem o sistema nervoso parassimpático, são recomendáveis. Nesse momento, faz-se mister intervenções voltadas para a manutenção da esperança e que possam aumentar o apoio relacional. Lembrar-se de buscar sempre o óbvio, perguntar sobre a experiência de quem está sendo atendido e observar suas reações. Também podem ser utilizados comportamentos direcionados, os quais facilitem a expressão de emoções e ações retrofletidas, assim como o contínuo de *awareness*.

    Um dos aspectos delicados do trabalho do gestalt-terapeuta nas situações de emergência e desastre é o atendimento às vítimas do segundo nível. Com os meios de comunicação divulgando notícias sobre o desastre, os familiares começam a aparecer no local querendo informações sobre o acidente, buscando parentes, pessoas queridas e, com isso, aumentando a angústia e a desorganização instalada. Por não ter, ou ainda não poder divulgar as informações demandadas, ele pode ser visto pelo familiar como tentando enganá-lo, ou não ser cooperativo. Tudo isso demanda uma ampliação não só dos cuidados com as informações veiculadas para garantir que sejam fidedignas, como também das ações de assistência. Outro cuidado é o risco que os familiares correm de abuso de exposição pela mídia de seu sofrimento (COSTA et al.,1915).

Posteriormente, o trabalho com as vítimas de todos os níveis, no pós-desastre, é ajudar a elaboração e integração do vivido no acontecimento traumático, de modo que as *gestalten* não fiquem em aberto, prevenindo o que tecnicamente é conhecido como luto traumático.[5] Essa ajuda terá graus de envolvimento diferentes, a depender do impacto do trauma e do que ficou como situação inacabada,

> Quando falamos em desastres, consideramos perdas súbitas, muito frequentemente coletivas, violentas, múltiplas e que, em muitas situações, resultam na falta de um corpo para ser velado ou de outros elementos associados ao incidente que oferecem ao indivíduo a oportunidade de concretizar a perda e sancionar seu luto." (GREGIO et al., 2015, p.196)

Nessa etapa, além dos experimentos anteriormente citados, podem-se usar técnicas de relaxamento, viagens de fantasia, inversão de papéis, cadeira vazia com os vários tipos de perdas e sentimentos, experimentos que facilitem a *awareness* de recursos esquecidos e o contato com os recursos do campo atual, o que possibilita a expressão das emoções e comportamentos que ficaram interrompidos. Atenção aos sintomas apresentados, às palavras chaves e às metáforas que apareçam no discurso do cliente, pois eles são indicadores e vias de acesso às situações inacabadas decorrentes dos eventos traumáticos. Dois elementos essenciais para a integração da experiência traumática é a autocompaixão e o autocuidado, os quais podem ser estimulados.

---

[5] "Os indivíduos (...) tendem a ficar desorganizados, vivenciando intenso sofrimento psicológico, com prejuízo no funcionamento familiar, social e ocupacional" (Costa et al., 2015, p. 125).

Nunca perder de vista que uma das regras básicas para qualquer experimento é a gradação.[6] No caso de circunstâncias traumáticas, a gradação envolve encontrar o aspecto da experiência traumática que o cliente tenha suporte para acessar, dividir a experiência em gestalten menores, em doses manejáveis, tanto para o contato, quanto para a liberação do comportamento interrompido, e consequente descarga da excitação.

Sendo a compreensão do outro a base para a intervenção psicológica em emergências e desastres, a Gestalt-terapia, como uma abordagem eminentemente relacional, vai ser de grande ajuda para a construção de uma relação de confiança com as vítimas de primeiro e segundo níveis, a fim de que elas se sintam seguras para expressarem seus sentimentos, exporem seus medos, possibilitarem uma reflexão sobre a vida, seus planos, projetos perdidos e possibilidades de reconstrução. Como afirma Hyckner (1995), "Mesmo no retraimento mais profundo existe uma vaga inquietação da alma que anseia pelo encontro genuíno com os outros." (p. 77).

A postura dialógica possibilita que o gestalt-terapeuta entre no mundo das vítimas, construindo mais rapidamente um vínculo de entrega que pode ser um divisor de águas, não só nas operações de resgate, como nas ações subsequentes. A presença é o primeiro requisito para o diálogo, pois, para poder entrar no mundo das vítimas, o gestalt-terapeuta precisa estar absolutamente presente para elas, completamente disponível e centrado no presente, independentemente dos riscos reais que a situação do momento esteja oferecendo.

---

[6] O Gestalt-terapeuta, a partir do que emerge como figura, da "coisa em si", vai aprofundando o contato paulatinamente, permitindo que naturalmente "em si da coisa" que está no fundo, emerja como figura, a partir do suporte interno do cliente.

Entrar no mundo do outro implica em colocar os próprios pressupostos, as crenças e os significados entre parênteses, pois só assim o profissional vai poder apreender a alteridade da pessoa. Cada acidente é único e, mesmo que várias pessoas estejam envolvidas na mesma circunstância, cada uma irá experienciá-la de uma forma única e singular. Em momentos tão desesperadores, quando há uma brusca ruptura do mundo presumido, há a perda do senso de proteção e de segurança e, muitas vezes, a perda da própria fé, o sentir-se verdadeiramente compreendido, confirmada na sua condição de existência, pode trazer o sentimento de esperança tão importante para o enfrentamento e sobrevivência à tragédia.

Situações de emergência e desastre são extremamente estressantes para os profissionais envolvidos por terem que estar de prontidão 24 horas por dia, com uma carga de trabalho extensa e pesada, trazendo o risco de fadiga crônica; ter que ter disponibilidade para viajar para dentro e fora do país, o que obriga o profissional a ficar afastado do lar, muitas vezes, por longos períodos de tempo; estar envolvido em condições fisicamente exigentes e arriscadas, com poucas informações sobre o ocorrido; sem falar nos conflitos gerados dentro da equipe por uma convivência muito próxima e prolongada. (TOLEDO, PRIZANTELI, POLIDO, FRANCO E SANTOS, 2015).

> Diante de tantos fatores que poderiam ter uma catexis negativa, ao me perguntar o que leva um Gestalt-terapeuta a integrar uma equipe de emergência, me recordo de Passos (2013) ao afirmar que "É diante desse cenário psíquico de enfrentamento que emerge a figura universal do herói (...). Nesse sentido, todos nascemos para ser heróis, para dar tensão e atenção ao impulso interior para o enfrentamento dos riscos do desconhecido de si mesmo, do mundo, e da vida", (p.29).

Retomo uma afirmação que fiz no início desse capítulo sobre a importância não só da competência técnica como também da pessoal. Lidar com um nível tão avassalador de sofrimento psíquico pode provocar no Gestalt-terapeuta um contágio emocional e um confronto com sua fragilidade não só como humano, mas como terapeuta, além de levá-lo a experienciar sua impotência enquanto profissional. Esses fatores podem mobilizar sentimentos contratransferenciais que interferirão com a qualidade e eficácia do seu trabalho. De acordo com Costa et al. (2015), responder com eficiência aos desastres implica em estar apoiado não apenas no treinamento técnico, como também no apoio psicológico e nos cuidados pós-evento. O autocuidado é, portanto, um fator tão fundamental que, no decorrer da atuação, a primeira responsabilidade é cuidar de si, depois cuidar dos outros membros da equipe e só então vem o cuidar das vítimas. (GREENSTONE, 2008)

Para que o profissional possa se engajar nessa atividade laboral, que traz esse grau de vulnerabilidade psíquica, levam-se em consideração, segundo Passos (2013), o nível de tolerância ao *stress* de como ele lida com a sua impulsividade, sua capacidade de adaptação a situações imprevistas, sua aptidão para agir cooperativamente em equipe, o que reforça os vínculos de confiança e o saber reconhecer os seus limites. Ele deve ser capaz de manter o que Buber (1965) chamou de presença distanciada, ou seja, estar presente, engajado na situação, e, ao mesmo tempo, ser capaz de refletir sobre a mesmo.

As situações de emergência e desastres têm um impacto em todos que delas participam, sejam as vítimas diretas do acidente, seus familiares, as equipes técnicas, e as pessoas que, embora não estejam diretamente envolvidas, se mobilizam com as notícias sobre o evento.

O trabalho com emergências e desastres ainda é um campo relativamente novo na Psicologia, envolvendo o estudo do impacto psicológico dessas situações nos indivíduos e no grupo e, consequentemente, no trabalho de prevenção de forma que as vítimas possam reconstruir suas vidas pós-desastres (GRÉGIO, 2015; GREENSTONE, 2008; TORLAI, 2010). Ainda que sua prática, no Brasil, seja eminentemente de prevenção secundária e terciária com as vítimas diretas e indiretas, esperamos que chegue um tempo em que o trabalho nos contextos de emergências e desastres focalize principalmente a prevenção primária.

A Gestalt-terapia, seja em que nível de prevenção se constitua a proposta de trabalho, tem muito a contribuir com sua visão de homem como um ser para a saúde. A postura fenomenológica do gestalt-terapeuta, seu olhar dialógico para com a relação eu-outro, seu respeito e inclusão dos contextos culturais e de referência de significados de cada grupo ou indivíduo, enfatizam a qualidade da sua presença e de um cuidado amoroso na relação que advém da compreensão de que trabalhar com emergências e desastres transcende a dimensão de trabalho para uma dimensão de serviço, porque voltado para o bem maior da humanidade e do planeta.

Como diz Ribeiro (2011)

> Somos, então, partes integrantes de um todo no qual todas as partes convivem em inter e intra-relação (sic), fazendo de cada uma delas guardiã da outra, cuidadora da outra, permitindo, nesse eterno, cuidadoso e amoroso cuidar, constituir o todo-tudo-total (p. 64).

Referências

BRITO, M.A.Q. (2018). *Trabalhando traumas em Gestalt-terapia*. Conferência proferida no XVI Encontro Nacional de

Gestalt-terapia e XIII Congresso Brasileiro da Abordagem Gestáltica, Curitiba, Paraná, 20 de julho de 2018.

_____ (2003). *Psicologia de Curta Duração sobre o Enfoque da Gestalt-terapia*. In: MATA, C. S.; VILLAS-BOAS, C. A.; RIBEIRO, J. L. S. & NASCIMENTO, E. M. V.(orgs.). *Coletânea do Serviço de Psicologia Professor João Ignácio de Mendonça – UFBA*. 116 – 121. Salvador: EDUFBA.

_____ (2002). *Psicoterapia Breve na Abordagem Gestáltica*. Trabalho não publicado apresentado para ingressar no Colégio Internacional de Terapeutas, Universidade Internacional da Paz, Brasília.

BUBER, M.(1965) *The knowledge of man: a philosophy of the interhuman*. New York: Harper & Row.

COGO, A. S. et al (2015). A psicologia diante de emergências e desastres. In: FRANCO, M. H. P. (Org.) *A intervenção psicológica em emergências: fundamentos para a prática*. S. Paulo: Summus, pp. 17-60.

COSTA, C. F. D. et al. (2015). O atendimento psicológico em emergências: diferentes *settings*. In: FRANCO, M. H. P. (Org.) *A intervenção psicológica em emergências: fundamentos para a prática*. S. Paulo: Summus, pp. 105-146.

FERREIRA, B. de H. *Novo dicionário Aurélio*. Rio de Janeiro: Editora Nova Fronteira.

GREENSTONE, J. L. (2008).*The elements of disaster psychology. Managing psychosocial trauma. An integrated approach to force protection and acute care*. Springfield: Charles Thomas Publisher.

GREGIO, C. (2005). *Antes e depois do trauma*: vivência traumática e o mundo presumido. Dissertação de Mestrado em Psicologia Clínica, Pontifícia Universidade Católica de S. Paulo, S. Paulo.

GREGIO, C. et al. (2015). O luto desencadeado por desastres. In: FRANCO, M. H. P. (Org.) *A intervenção psicológica em emergências*: fundamentos para a prática. S. Paulo: Summus, p. 189-228.

GROVE, D. (1989). *Healing the wounded child within*. David Grove Seminars. New York.

HYCKNER, R. (1995). *De pessoa a pessoa*: psicoterapia dialógica. S. Paulo: Summus.

Instituto Brasileiro do Meio Ambiente e dos Recursos Naturais Renováveis, 2017. *Emergências ambientais – IBAMA*. Disponível em: <http://ibama.gov.br>. Acesso em: 27 jun. 2019.

International Federation of Red Cross and Red Crescent Societies. *World disaster report*, 2010. Disponível em: <http://www.ifrc.org/Global/ Publications/disasters/WDR/wdr2010/WDR2010-full.pdf.>. Acesso em: 20 jun. 2019.

JOYCE, P.; Sills, C. (2016). *Técnicas em Gestalt*: aconselhamento e psicoterapia. Petrópolis: Vozes.

LATNER, J. (1996). *Fundamentos de la Gestalt*. Santiago de Chile: Editorial Cuatro Vientos.

LEVINE, P., Frederick, A. (1999). *O despertar do tigre*. São Paulo: Summus.

OGDEN, P.; MINTON, K & PAIN, C. (2006). *Trauma and the body*. New York: W.W.Norton.

Organización Panamericana de la Salud. (2002) *Proteción de la salud mental em situaciones de desastres y emergências*. Manuales y Guias sobre Desastres n.1. Washington, DC: OPAS.

Organização Pan-Americana de Saúde/Organização Mundial de Saúde. Disponível em: <https://new.paho.org/bra/index.php?option=com_content&-task=view&Itemid=593>. Acesso em: 20 jun. 2019.

PALOMBINI, A. (2004). *Acompanhamento terapêutico na rede pública*: a clínica em movimento. Porto Alegre: Editora da UFRGS.

PASSOS, S. F. S.(2013) Resiliência, regulação e grupo: primeiros socorros para equipes de emergência. In: ROSSI, C.P.; NETTO, L. (Org). *Práticas psicoterápicas e resiliência*: diálogos com a Experiência Somática. São Paulo: Scortecci.

PERLS, F.S. (1977). *Gestalt-terapia explicada*. S. Paulo: Summus.

PERLS, F. S.; HEFFERLINE, R.; GOODMAN, P. (1997/1951). *Gestalt-terapia*. S. Paulo: Summus.

RIBEIRO, J.P. (2011). *Conceito de mundo e de pessoa em Gestalt-terapia*: revisitando o caminho. São Paulo: Summus.

ROSS, G. (2014). *Do trauma à cura*. São Paulo: Summus

_____ (2008). *Beyond the trauma vortex into the healing vortex: a guide for psychology and education*. Los Angeles, CA: International Trauma-healing Institute.

Secretaria Nacional de Defesa Civil (2007). Disponível em: <www.defesacivil.gov.br.>. Acesso em: 20 jun. 2019.

TAYLOR, M. (2014). *Trauma therapy and clinical practice: neuroscience, gestalt and the body*. Berkshire, England: Open University Press, Mc Graw Hill Education.

TOLEDO, A. L.; PRIZANTELI, C. C.; POLIDO, K.K.; FRANCO, M. H.; SANTOS, S. R. B. (1915) A saúde emocional do psicólogo que atua em situações de emergência. In: FRANCO, M. H. P. (Org.) *A intervenção psicológica em emergências*: fundamentos para a prática. S. Paulo: Summus, pp. 147-188.

TORLAI, V. C. (2010). *A vivência do luto em situações de desastres naturais*. And the bodyDissertação de Mestrado em Psicologia Clínica, Pontifícia Universidade Católica de São Paulo, S. Paulo.

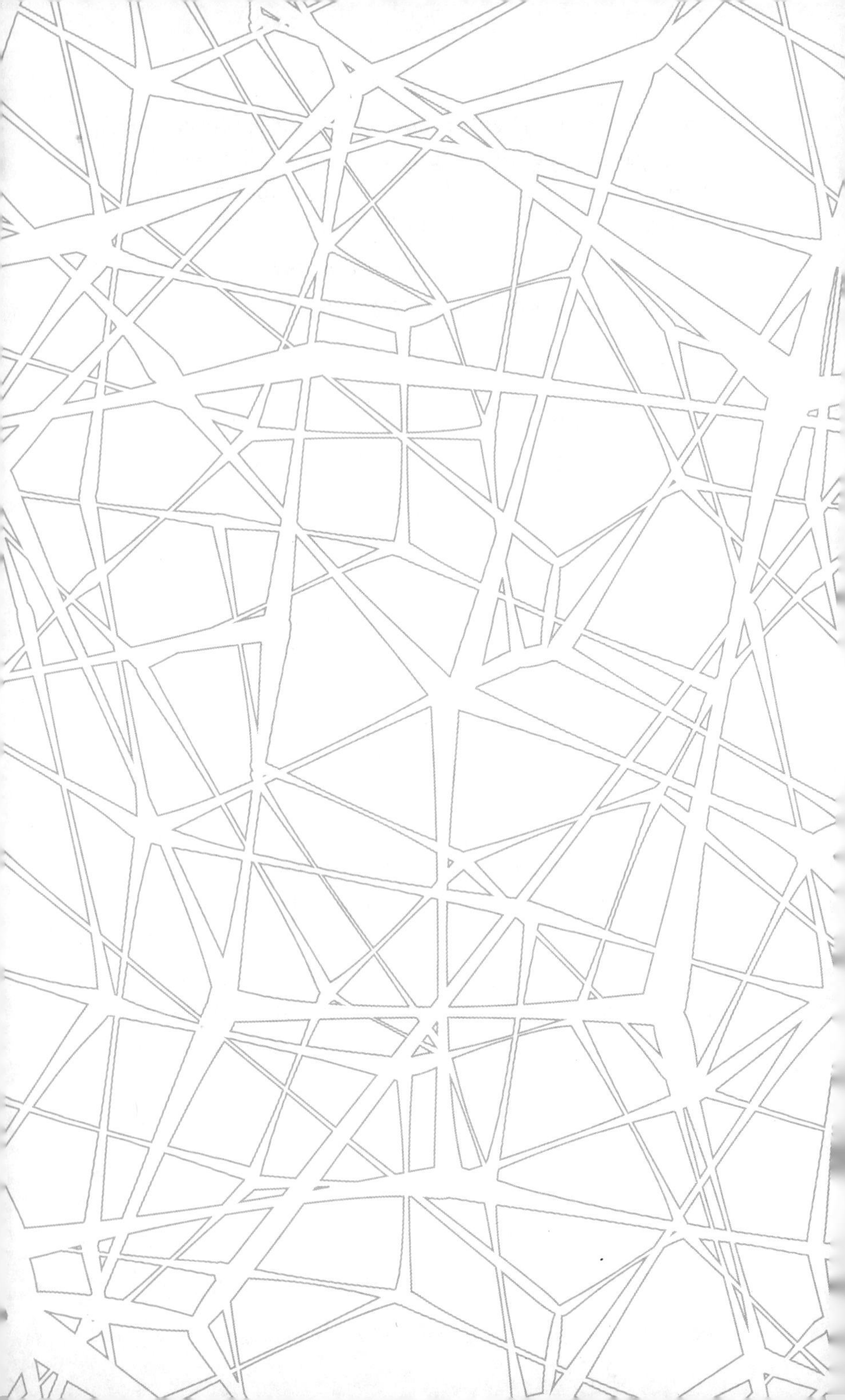

6

O adoecimento psíquico: O olhar clínico sobre a adolescência e outras fases de vida

Saleth Salles Horta

Manter a saúde física e psíquica nos tempos atuais, mais que uma conquista, é uma arte.

O ser humano vive sob constante pressão em todas as áreas de sua existência. Encontra-se mergulhado num contexto social, econômico, político e, sobretudo, no contexto familiar, onde imperam os conflitos afetivos, a insegurança, o medo, a incerteza, o desespero e a desconfiança. Haja sabedoria interna para sobreviver em meio a tantas forças externas neurotizantes.

As relações estão se tornando escassas. Mais informações, mais comunicações e menos relações. Com o acelerar constante da tecnologia, que tantos benefícios trouxe à humanidade, está havendo um encurtamento das relações, e a solidão chega a ser adoecedora. Com o avanço das comunicações, cresce no homem a ilusão de não estar solitário. Quantos amigos e seguidores nas redes sociais! No entanto, ao se voltar para si, o que sente é solidão e, quase sempre, um grande vazio existencial, num todo assustador. Como disse Karnal (2018, p. 24), "Estamos preenchidos por pessoas virtuais e isolados dos seres vivos reais próximos".

Eis aí uma triste realidade. Quantas pessoas anseiam por uma relação humana significativa? Sofrimento por não poder ser humano, real. Até as consultas médicas já podem ser feitas via internet. Se antes já se lamentava por não ser visto como pessoa, mas como doente, hoje o contato do médico com o paciente pode ficar mais distante e impessoal, quando a pessoa do profissional real já pode ser trocado pelo virtual. E assim, dispensa a presença, a proximidade e o calor humano. A compreensão está sendo substituída pelo entendimento, logo pelo saber e pela técnica. A desumanização é crescente e a impessoalidade é assustadora. O homem se percebe só, desamparado e inseguro. Não é escutado como precisa e, então, não se escuta. Seu sofrimento fica negado. O tão necessitado "desabafo" não encontra a disponibilidade de alguém, já que as pessoas estão atormentadas, individualistas e sem espaço interno para receberem o outro, afetiva e efetivamente.

    Nunca se deu tanta importância às atividades físicas como nos tempos atuais. O culto ao corpo saudável, ao corpo bem torneado e à "juventude eterna" estão em alta. A prática de esportes, as caminhadas, as corridas e a ginástica em academias produzem retorno positivo à saúde. Há aumento de satisfação, de autoestima, bem como da "alta estima". Internamente, essas atividades produzem bem-estar, combatem o estresse e melhoram a saúde física, tão prejudicada pela agitação, pelas preocupações constantes. Atividades físicas estimulam os hormônios, combatem o cortisol e aumentam a recaptação de serotonina (hormônio responsável pela sensação de prazer e bem-estar). Assim, ao terminar uma prática de musculação ou um treino esportivo, a sensação de bem-estar e a melhora do humor são gratificantes.

    No entanto, quando praticadas em exagero, tais atividades podem provocar efeitos nocivos à saúde física e se tornarem prejudiciais psicologicamente. Por exemplo, os esforços repetitivos, comportamentos obsessivos, compulsão a práticas físicas e culto exacerbado ao corpo, não raro, provocam ansiedade e levam o ser humano a um estado depressivo pela frustração diante de um ideal não atingido. A Sociedade Brasileira de Medicina Esportiva denomina "Síndrome do *Overtraining*" a compulsão a treinos repetitivos, que podem levar à exaustão física e psicológica. O que está por trás dessa compulsão, quase sempre, é um vazio existencial. Apesar da sensação prazerosa, o vazio permanece e a pessoa sente a necessidade de novas buscas.

Outro fator paradoxal para a saúde psíquica são as crenças e práticas religiosas. A religiosidade, a espiritualidade e a fé acenam como promessa de apaziguamento, de serenidade e até de cura de doenças ou resolução de problemas. Muitas pessoas se ancoram na fé religiosa para suportarem a incerteza e a desesperança, o que pode ser positivo em suas crises existenciais. Entretanto, há aquelas que se "impressionam" e chegam à fuga da realidade, ao se dedicarem excessivamente a cultos ou práticas religiosas. Alguns frequentadores de cultos espíritas podem apresentar sentimento de perseguição e perda de confiança em si mesmos, notadamente naqueles que são portadores de fragilidade psicológica ou por fator hereditário, que os predispõem ao adoecimento psíquico.

Mas nenhum fator adoecedor tem sido tão discutido quanto o uso excessivo de internet, dos jogos virtuais e das comunicações suspeitas, considerados perigosos e prejudiciais. Entre os adolescentes, principalmente, esses usos em demasia têm se tornado um vício, o que leva ao isolamento, à ansiedade e à depressão; quadro este que a Psiquiatria nomeou como "Síndrome do Isolamento", a qual pode levar quem a sofre ao suicídio, aquele que faz "o mundo caber em seu quarto". Evidentemente, quando se trata de excesso, pois o uso moderado se faz necessário e positivo, adequado e próprio da geração atual.

Karnal (2018, p.51) questiona: "se os diagnósticos de que a internet como potencial pode retirar-nos da solidão ou de que, como ato, nos isola são igualmente reais, resta ainda uma pergunta sem resposta: o que veio primeiro, o ovo ou a galinha? Usamos as redes sociais para suprir um vazio, uma sensação de solidão anterior à existência delas, ou as redes criaram e alimentaram esse sentimento, que pode levar à compulsão e ao vício"? Outra modalidade virtual que merece ser discutida é o "*site* de relacionamentos, o qual, em princípio, seria uma nova modalidade de contato com vistas ao encontro de um(a) companheiro(a). Isso tem sido motivo de frustração para uns e de compulsão para muitos. Realização para poucos é o que se constata. A busca incessante por um encontro e o vazio após o desencontro, já que, por vezes, não passa de uma experiência sexual frustrante. Essas buscas caracterizam um novo modo de consumo. Segundo Rodrigues (2006, p.168), "O consumo e os comportamentos compulsivos surgem como marcas desse momento histórico, no qual nos relacionamos, de um modo voraz, com tudo o que é capaz de produzir estímulos aos sentidos, na mesma medida em que descartamos com rapidez, aquilo que nos parece obsoleto!". Infelizmente, a procura incessante pelo "*site* de relações" se encontra na mesma estante do consumo e da compulsão.

Como afirmou Cardella (2017, p.115), "Vivemos num mundo onde o humano é reduzido, coisificado, e adoecido por diversas formas de fundamentalismo, seja científico, tecnológico, religioso, estético, que tentam fazer de todos nós o mesmo". Assim, as pessoas lutam pela sobrevivência, pela saúde, pela singularidade e muitas acabam na massificação e no adoecimento.

Diante de tantos paradoxos, a busca pelo equilíbrio emocional se torna mais que uma necessidade, uma urgência. Falar de equilíbrio, é falar de uma *polaridade* tão discutida pela Medicina e pela Psicologia: *saúde x doença*.

O que é saúde? O que é doença?

Segundo Boss (Cytrynowicz, 2018, p. 50) "para compreendermos verdadeiramente o modo de ser patológico, precisamos compreender antes e mais plenamente o que significa a saúde". Portanto, precisamos de um olhar compreensivo para a existência humana, se quisermos alcançar mais profundamente o seu adoecimento.

Perls (1977) define simplesmente: "Saúde é um estado de equilíbrio apropriado da coordenação de tudo aquilo que somos". (p. 20). O autor substitui o termo saúde por crescimento em direção a um todo organizado: físico, psíquico e espiritual, e afirma que a neurose surge basicamente das relações entre o indivíduo e seu meio.

Rodrigues (2006, p.138) cita Heidegger: "o adoecimento se dá exatamente quando não suportamos a condição de abertura, criamos uma restrição de sentido, nos aferramos a um modo de ser que pretendemos defender de qualquer jeito." Assim, criamos um apego, tentamos controlar o incontrolável e entramos em sofrimento por medo, incerteza e angústia. Para esse autor, saúde seria a condição de serenidade, de entrega, uma permissão "para que as coisas venham à luz por si mesmas" (p.141).

De acordo com Ribeiro (1998), saúde é um estado de equilíbrio entre o organismo e o meio ambiente. Um equilíbrio sempre buscado e que dificilmente se estabelece no meio ambiente conturbado. Segundo esse autor, o ser se constrói existindo (tema de seu livro: "Existência, Essência", 1998).

Em Ginger (1995, p. 14), "saúde não é ausência de doença ou de enfermidade, mas um estado de completo bem-estar físico, mental e social. Enquanto doença seria a alteração biológica no estado de saúde de um ser (homem ou animal), manifestada por um conjunto de sintomas, perceptíveis ou não, que caracterizam enfermidade mal ou moléstia." Conseguir um estado de equilíbrio é quase impossível para o ser humano nos tempos atuais. Em face ao desequilíbrio, difícil então se torna diagnosticar uma doença como física ou psíquica. Dessa forma, a necessidade de ver o todo de quem se apresenta saudável ou de quem se apresenta doente.

Quem adoece ou quem tem saúde é o homem. E quem é o homem? Quem é essa pessoa que se encontra adoecida, nem sempre se dando conta de que precisa de ajuda? Essa pergunta precisa ser feita a cada instante na clínica psicoterápica. A Fenomenologia concebe o homem como um "ser em relação". O Existencialismo o define como um "ser-no-mundo-com-os-outros". Portanto, um ser relacional. De acordo com Cytrynowicz (2018, p. 75), "Somos seres relacionais e não determinados "a priori". "O ser humano é essencialmente construção de sua própria história". Então, a saúde psicológica de uma pessoa se origina de relacionamentos saudáveis, desde a sua infância.

Miller (1997, p. 44) afirma: "O que é diagnosticado como depressão e vivenciado como vazio, a falta de sentido da vida, o medo de empobrecimento e solidão, constantemente se revela, para mim, como perda de si mesmo, cujo início está sempre na infância." A autora considera, portanto, que o adoecimento começa na infância, já que, segundo a mesma, o ser é formado e deformado nas relações, as quais podem ser saudáveis ou neurotizantes. Logo, se somos seres relacionais, a proposta de uma psicoterapia relacional aponta como possibilidade de cura pelo encontro, o encontro psicoterápico, o qual acentua o lugar do diálogo na Psicoterapia, quando a pessoa se revela a si mesma e retoma as suas possibilidades de ser.

A clínica psicoterápica diante do adoecimento psíquico

Quem é o ser que procura ajuda? Quem é este ser que se apresenta triste, confuso, sofrido ou doente? Estar triste não significa estar doente. Tristeza é da ordem dos sentimentos. Qual o ser humano que não sofre tristeza? As perdas, as frustrações e o medo são inerentes ao existir humano. A cada instante de sua vida, o homem está sujeito ao sentimento de tristeza ou ao estado de ansiedade, seja pela necessidade de resolver conflitos, encontrar caminhos, sentido, direção, ou, simplesmente, pelo desejo de realização dos sonhos, pela urgência em cumprir metas ou executar tarefas. Assim, as pessoas vivem em constante estado de ansiedade, mesmo num viver considerado saudável. Então, estar ansioso ou se sentir deprimido não significa necessariamente estar doente. No entanto, é preciso estar atento para a intensidade do estado depressivo ou do estado de ansiedade. Silva (2011, p.129) faz referência ao Transtorno de Ansiedade Aguda (TAG) que se caracteriza por um estado permanente de ansiedade, sem associação com situações ou objetos, quando a pessoa apresenta sensação exagerada de perigo. Segundo a autora, trata-se de um estado de ansiedade patológica duradouro, que acomete pessoas viventes em constante sentimento de perigo, que sempre estão em estado de emergência. A mesma autora afirma que o Transtorno de Pânico está classificado dentro dos transtornos de ansiedade, porém exacerbado. Uma crise que sempre dispara entre 6 a 8 meses após um acontecimento traumático: perdas, acidentes graves, morte de pai, mãe, etc. (p. 32). A partir da primeira crise, a pessoa passa a viver com medo de entrar em outra crise, o que para ela se torna ameaçador e insuportável. Em quadros de desestabilização do humor, quando a pessoa é geneticamente frágil, os conflitos podem ser fatores desencadeantes para o adoecimento psíquico, podendo desenvolver quadros de depressão profunda ou de ansiedade aguda. Como afirma Rodrigues (2006, p.167): "em consultório de psiquiatria, somos procurados por pacientes com questões diversas. Nenhuma delas nos parece ser mais comum do que o medo, a angústia pelo futuro, a incapacidade de lidar com a imponderabilidade e imprevisibilidade". Ainda, segundo Rodrigues (2006), "tudo isso pode levar ao quadro de Transtorno de Pânico, quando o indivíduo apresenta um modo de se relacionar com o mundo na busca de controle sobre o futuro, sobre a vida e sobre a morte." (p.170). São tantas as vivências conturbadas que a ansiedade se torna insuportável, e cresce também a necessidade de controle sobre as experiências vividas, "sobre todos os perigos imaginados", principalmente ao sentir medo de morrer, da morte. Essa constante vigília pode levar a pessoa à exaustão psicológica.

De acordo com Silva (2011, p. 37), o transtorno de pânico apresenta os sintomas de forma mais óbvias. Os mais frequentes sintomas são: o sentimento súbito de terror; a sensação de morte iminente; taquicardia; suor intenso; dores no peito; sensação de despersonalização ou irrealidade.

A autora destaca a Agorafobia, um medo de ficar desamparado e que pode ocorrer com ou sem o transtorno de pânico. (p. 49). Não é possível prever quando vai acontecer uma crise de pânico. Por isso, é natural, após uma primeira crise, a pessoa permanecer em constante estado de ansiedade. Ela passa a viver com medo de ter medo. Diante de tal sofrimento, a pessoa precisa ser medicada por um psiquiatra. Paralelamente, ela precisa iniciar o processo psicoterápico, quando e onde poderá expressar seus medos. Ela não deverá ser confrontada ou desqualificada ao expressar as sensações tão aflitivas e verdadeiras para ela.

 Em estado de pânico, o paciente necessita buscar uma representação psíquica que possa lhe trazer significação, pois suas fantasias têm caráter de absurdo, no entanto, essa significação deverá ser encontrada por ele. Com a ajuda do psicoterapeuta, o paciente poderá refletir sobre os medos e sobre as suas fantasias catastróficas a fim de ressignificá-las. Tal reflexão trará naturalmente a sua história e, então, ele poderá elaborar os conflitos existenciais e perceber o que o fez chegar a tal sofrimento. Ele poderá, também, identificar sua necessidade de controle sobre esse mundo assustador, e então, compreender-se nesse seu desespero constante. Se o mundo não lhe parecesse tão perigoso, ele não sentiria tanto medo. Logo, não seria necessário permanecer em estado de alerta. Paradoxalmente, a pessoa se controla (e entra em pânico!) com o intuito de se proteger.

 A depressão não está relacionada apenas à tristeza, mas sim a um conjunto de sintomas que, associados, produzem um quadro depressivo, ou de humor deprimido, que leva a pessoa a perder o interesse pela vida, pelos prazeres do dia a dia, ou até mesmo, pelos cuidados consigo mesma.

 Segundo Oliveira Sobrinho (2016, p.82), "Sintomas físicos como dores no corpo, alterações fisiológicas, falta de energia, falta de memória e atenção, isolamento social, sentimento de culpa", são constantes e atormentam o ser deprimido. O autor afirma que a depressão psicótica é a mais grave, pois ela promove delírios, sensação de perseguição, alucinações (com ideias autorreferentes, escuta de vozes, escuta do próprio pensamento ou ordens mentais). Não raro, a pessoa pode apresentar manifestação de agressividade ou impulsividade. "Os sintomas de depressão podem ser confundidos com esquizofrenia, mas, ao contrário dessa, os sintomas de depressão psicótica tendem a remitir completamente e possuem menos tendência a serem persistentes" (p. 98-99). Seja em estado depressivo exógeno pós-traumático, endógeno (desequilíbrio químico no organismo) ou depressão profunda psicótica, a pessoa se beneficiará com a psicoterapia, além do tratamento medicamentoso. Para isso, ela precisa ser acolhida e cuidada pelo terapeuta, numa postura compreensiva, sem ser rotulada. Ela deverá ser vista como pessoa e não como doente. Ao ser escutada, ela poderá se escutar na sua expressão livre e descritiva, até que consiga se conhecer, compreender-se, e então, ressignificar seus medos, suas culpas, suas exigências, seus conflitos, enfim, tudo aquilo que a está adoecendo. Segundo Martin Buber (ZUBEN, 2003, p.43), o termo "conhecer", em hebraico, também significa "abraçar com amor". Desta forma, quando o paciente é acolhido e escutado, ele pode se conhecer e se compreender, logo se "abraçará" amorosamente e não se sentirá mais tão só. Hicyner (2006, p. 128) afirma que, "uma forma de entender o comportamento 'patológico' é entendê-lo como um pedido desesperado de resposta ao mundo". Assim, em qualquer fase de vida, o paciente que chega pedindo resposta, precisa se escutar para encontrar suas próprias respostas, a compreensão de si mesmo no mundo. Seus "problemas" não serão resolvidos ou eliminados pelo terapeuta, contudo elaborados e compreendidos pelo próprio paciente, a fim de que ele possa redefinir seu viver e encontrar o sentido de vida, compreendendo que, não necessariamente, a falta de sentido significa depressão. Frankl (1990) faz referência ao homem contemporâneo como a pessoa que não sabe sequer o que deseja fazer, aquele que fica perdido no mundo externo ou no mundo interno, em absoluto vazio. Ele cita, a exemplo, a "neurose dominical" (p. 27) que ocorre quando as pessoas entram em contato com o vazio e com a falta de significado que não podem ver, caso estejam imersas na rotina de trabalho. Nesse sofrimento se encontram também muitos aposentados, mergulhados no sentimento de inutilidade, na falta de perspectiva e de sentido existencial. Para muitos, tornar-se aposentado passa a ser sinônimo de velhice e alienação e, então, a depressão se estabelece. Essas pessoas podem encontrar na Psicoterapia a oportunidade de reflexão e a busca de novos caminhos para um viver útil, condizente com a sua competência e expectativa.

Ainda falando das diversas manifestações de adoecimento, tem sido muito constante a procura de ajuda por mulheres nos primeiros meses após o parto. Muitas delas desenvolvem a depressão pós-parto, puerperal ou "transtornos emocionais pós-parto", na ocorrência das alterações hormonais, as quais afetam os neurotransmissores cerebrais, importantes na origem de fatores depressivos como este nas mulheres. Somados à exaustão e à responsabilidade com a chegada do filho, estas alterações podem acarretar um quadro depressivo, a depressão pós-parto, ou até mesmo, desencadear psicose puerperal, caso a genética seja favorável (SILVA. p. 95). Em alguns casos, há a necessidade de assistência e de medicação por parte de um psiquiatra, com muito cuidado, pois, nesta fase, a medicação pode influenciar na amamentação.

Entretanto, o acompanhamento de um psicoterapeuta é fundamental. Ali na sessão será o lugar do diálogo e do acolhimento a essa mãe que se encontra deprimida e culpada pela sua exaustão, por não conseguir manifestar o amor pelo filho, por não corresponder às suas próprias expectativas e a dos familiares quanto a maternidade, e assim, não conseguir desempenhar satisfatoriamente a função "esperada" de ser mãe. Ela sente-se aliviada quando consegue expressar livremente a sua angústia, o conflito entre "amar o filho e não querer cuidar dele", o peso da responsabilidade e seu medo de não conseguir ser a mãe que "deveria ser". Aos poucos, além do desabafo ao expressar tudo aquilo que a atormenta, poderá se compreender nessa experiência que, para ela, está sendo tão assustadora e, então, estará pronta para cuidar de seu filho, sem culpa, podendo admitir que seus medos e seu cansaço não significam desamor.

Incrivelmente tem sido cada vez mais frequente a procura de assistência para as jovens mães. Acometidas de ansiedade, fruto de um viver agitado e exigente, que adoece a mulher, mesmo em um acontecimento tão desejado pela maioria. O que era esperado como momento festivo, muitas vezes as surpreende com a depressão. Tornar-se mãe é embarcar numa viagem sem volta, sem saber para onde ir. O filho leva a mãe ao mundo desconhecido, seu tempo, sua liberdade de fazer o que quiser, seu descanso, sua tranquilidade. E, esse "mergulho no escuro" desestabiliza a mulher, até que ela descubra como cuidar de seu bebê sem se abandonar. É importante lembrar que não existe uma "cartilha" de como ser mãe. Cada filho que nasce, faz nascer também uma mãe, singular e única, a qual aprenderá, por meio da vivência com o seu filho, a ser mãe. Em crianças, notadamente naquelas sobrecarregadas de funções inapropriadas para a sua idade, tem sido frequente a presença da depressão, prejudicando o desempenho escolar, afetivo e social. Crianças, quando em estado depressivo, manifestam sintomas físicos e perdem o prazer e a espontaneidade para o brincar. Ansiedade, medo, hiperatividade e até insônia são os sintomas mais frequentes. Em idade escolar, é muito comum o choro fácil, o isolamento dos colegas, o baixo rendimento escolar, a falta de concentração. Nessa fase de vida, a baixa autoestima pode ser um dos sinais de depressão. Quanto mais cedo for tratada, melhor será sua resposta clínica e emocional.

Segundo Cytrynowicz (2018, p. 44), "com a fenomenologia, a criança pode ser compreendida a partir dela mesma, em sua totalidade existencial, no seu próprio mundo e na referência de seu convívio." Desta forma, antes de considerar uma criança doente, é necessário observar todo o seu contexto familiar, a sua história, para compreender o que está dizendo nos sintomas que manifesta.

Os adolescentes apresentam sintomas de depressão muito semelhantes aos de adultos. Porém, nem sempre eles manifestam tristeza. A rebeldia e a irritabilidade, e até casos de agressão, são as reações mais comuns nessa fase de vida.

Tem sido muito frequente as meninas se agredirem com cortes e ferimentos, talvez a única forma que encontram de fazerem contato consigo mesmas, ou de chamarem a atenção dos familiares para si. Há também a possibilidade de elas fazerem isso "para sentir uma forte dor física, enquanto se corta, o que poderá fazê-la se esquecer da dor psicológica, que é insuportável para ela" (fala de uma paciente de 16 anos).

Os Transtornos Alimentares também são mais comuns nas meninas. Trata-se de perturbações persistentes na alimentação: anorexia, com a negação ao alimento; bulimia, com a necessidade de eliminar o excesso de alimentos; ou as dietas desordenadas para controle de peso, sendo uma outra forma de consumismo, no caso pela busca de um corpo belo. Um ajustamento criativo disfuncional, adoecimento que acomete principalmente as jovens adolescentes.

Já os meninos tendem ao abuso do álcool e ao uso de outras drogas, embora alguns, com mais agressividade, busquem também a se machucarem com cortes nos braços, tentativa de suicídio, pensamentos de morte ou agressão a outros. Esses adolescentes precisam de cuidados médicos e psicológicos. Além disso, tais manifestações não devem ser consideradas como "manipulação", mas como um pedido de socorro, um alerta para aquilo que estão falando ou dando "sinais," os quais não conseguem expressar verbalmente. Uma atenção especial deve ser dada à história familiar de cada um, às perdas, ao excesso no uso de internet, jogos, exposição ao "*bullying*" entre colegas, ou às vivências que encontram dificuldade em compartilhar. Enfim, voltar-se para o que está acontecendo com esses jovens no contexto familiar, onde tem ficado cada vez mais escasso o amor, na falta de presença e de autoridade dos pais ou responsáveis. Esses jovens precisam de amor, de escuta considerativa para os seus segredos, de limites claros (sem os quais se sentirão inseguros). O que eles relatam mais frequentemente são problemas sexuais, dificuldades escolares, excesso de contato virtual e solidão, considerando que nada os deixa mais sozinhos que os seus segredos.

Quantos adolescentes se isolam após sofrerem assédio, "*bullying*" ou *cyberbullying* e, nessa situação, se sentem ameaçados, impotentes, solitários e humilhados, mas não conseguem pedir ajuda? Entretanto, se não o fazem é porque não existe um clima disponível e confiável em suas famílias. Lamentavelmente, os pais ou responsáveis têm se mostrado cada vez mais confusos e inseguros na educação de seus filhos, os quais, em qualquer idade, já estão adoecidos emocionalmente e a saída volta-se para a busca por tratamento.

As crianças são conduzidas mais facilmente, sem apresentarem resistência. Já o adolescente, mais contestador, tende a não aceitar essa ajuda. Em estado depressivo ou de ansiedade, quando levado para a Psicoterapia, apresenta dificuldade em fazer contato com o profissional. Ele requer um acolhimento amoroso, mais firme e discreto, do psicoterapeuta. Acima de tudo, o adolescente precisa confiar, não só na disponibilidade, mas na postura ética do terapeuta.

Se ele já apresenta dificuldade em se revelar para seus pais, como se abrir para uma pessoa desconhecida? Como acreditar que suas revelações não serão repassadas aos pais? Assim, o esforço inicial do terapeuta será de ganhar a confiança do adolescente. E isto não se faz apenas prometendo. É necessário informação clara de como será desenvolvido o processo e como será o contato com os familiares. Fazer um "combinado" sobre como será a orientação aos pais (sobre as dificuldades deles), deixando claro que não serão revelados os "segredos" que forem compartilhados no espaço terapêutico, além da promessa de que ele (o paciente) será consultado e informado a cada procura dos pais. O adolescente precisa ter clareza sobre a posição do terapeuta como seu "advogado de defesa", doravante.

Destacamos apenas o início de um processo, portanto, os primeiros contatos com um adolescente. Entretanto, o que em princípio parece apenas um "contato" para início de um trabalho, quando feito com cuidado, respeito, serenidade e coerência, incrivelmente funciona como um avanço para o processo terapêutico. Quando o adolescente pode confiar, a sua "entrega" ocorre imediata, pois ele se encontra ávido para falar daquilo que antes era só seu. O processo psicoterápico se desenvolve numa rapidez inacreditável, quando esse paciente se sente compreendido, livre para se desvelar, sem julgamentos, sem críticas, repreensões ou correções. E então, ele poderá revelar suas inúmeras dúvidas sobre suas relações familiares, sobre a sexualidade, seus medos e inseguranças para enfrentar o mundo. Sobretudo, ele pode expressar suas angústias em situações vividas diante de humilhação ou abusos, muitas vezes, abusos sexuais dentro de sua família. As dificuldades escolares, o vestibular, a escolha de um curso também são fatores angustiantes e que podem prejudicar a autoestima.

É importante ressaltar que não cabe ao terapeuta a função de corrigir, educar ou ensinar, muito menos de apontar erros. Cabe sim a ele, escutar e propiciar a reflexão sobre comportamentos e dúvidas, para que o jovem possa desenvolver o autoconhecimento e a ressignificação. O trabalho de um psicoterapeuta não é pedagógico. Portanto, não lhe cabe apontar erros, mas propiciar o aparecer desse ser verdadeiro, o que levará à conquista de autonomia e autoestima. É fundamental um olhar não judicativo e um encantamento por esse ser que não está à procura de psicoterapia, mas de socorro. Tão jovem, já traz consigo uma longa história de percalços, dores profundas e falta de sentido em sua vida. Então, o terapeuta precisa se sensibilizar para receber essa pessoa que chega, por acaso, em uma fase tão linda da vida, que é a adolescência. Atentar-se aos preconceitos, já que é muito comum o adolescente ser taxado de modo desprezível ou irônico de "aborrescente" e ser julgado como "garoto(a) difícil" ou como fruto de uma "uma geração insuportável". É o que ouvem com muita frequência, inclusive dos próprios pais. Esses jovens também costumam ter preconceito com o "preconceito do adulto", o que pode dificultar ainda mais o acesso do terapeuta ao mundo de seu futuro paciente. Os adolescentes percebem que não são bem aceitos e podem generalizar essa impressão, o que torna mais difícil acreditar no terapeuta. Assim, para entrar no mundo do adolescente, é preciso se despir do julgamento, das críticas e das correções, mostrar-lhes o interesse genuíno (e não apenas a curiosidade) pelas revelações, pelas dúvidas compartilhadas e até pelas práticas compulsivas, tais como o uso excessivo de internet, sem corrigir, sem desqualificar, mas provocando uma reflexão em suas falas e atitudes sobre **o que**, **o como** e **o para quê**, até que ele chegue a um questionamento sobre seu modo de ser no mundo, podendo definir o que quer para si. Ele precisa se sentir livre para se expressar. Eles sempre se queixam por não serem escutados em suas famílias, em que a proposta é o diálogo, mas o que ocorre, quase sempre, é o monólogo, com uso de xingamentos, críticas e correções. Enfim, é necessário que o adolescente possa aprender a fazer suas escolhas, achar seus possíveis caminhos para o futuro, às vezes, tão escuro de sua existência.

Lamentavelmente, alguns casos não chegam a esse "final feliz". Muitos pais suspendem o processo psicoterápico do filho ao perceberem que ele está se posicionando em casa com autonomia, sendo taxados de rebeldes. No início do processo, ele pode passar para a polaridade oposta: da dependência e passividade à rebeldia e agressividade. E é nesse momento que, não raro, a família se sente impotente ou ameaçada. Suspender a psicoterapia costuma ser a atitude tomada. Assim, é necessário informação e esclarecimento aos pais sobre a possível flutuação de humor e de posicionamento do filho, até que alcance o equilíbrio, a assertividade e a autonomia.

Enfim, como é bela e rica essa fase da vida de um adolescente! Mas, ela requer cuidado especial de um profissional que se oferece para ir ao seu encontro e acredita no seu discurso, nos seus sentimentos e na sua possibilidade de ser.

Considerações finais

A postura de um psicoterapeuta diante de seu paciente deve ser sempre serena, com o olhar de quem está recebendo um Ser, não importa em que fase de vida esteja. Uma criança, um adolescente, um adulto ou um idoso deve ser recebido como pessoa e não como doente. Como afirma Frazão (2013), "Quem cuida precisa olhar a pessoa por inteiro, o que não condiz com reduzi-la a partes carentes, doentes ou ainda a classificações diagnósticas." (p. 73). Nesse sentido, afirma Hicner (1995, p.33), "Um terapeuta precisa distinguir entre o que é comportamento 'patológico' e o que é uma consequência dos 'dados existenciais'". Portanto, é preciso estar sempre atento para ter um olhar sobre o todo de seu paciente, enquanto ele fala de seus sintomas. Acolher, propiciar um clima sereno e confiável e esperar o aparecer do ser. Cardoso (2018) afirma que "o desafio do psicoterapeuta é, então, se colocar como 'fundo' na relação terapêutica de modo a possibilitar que o cliente seja "figura", com toda a gama de conexões e de sentimentos implícitos nas experiências presentificadas no aqui-e-agora da interação terapêutica." (p. 42). Ser "fundo" não é ser neutro e nem ausente: é ser presente. Realmente, é um modo de se postar, que se apresenta como desafio, visto que, para se manter como "fundo", faz-se necessário colocar-se entre parêntesis. Os sofrimentos, os problemas, os conflitos, a vida pessoal de um psicoterapeuta ficam fora da relação terapêutica.

Ser fundo é estar presente e disponível para o outro se configurar. Uma postura que é formada pela fundamentação filosófica e teórica, além da elaboração existencial e emocional, as quais deverão estar bem estruturadas e coerentes. Então, é preciso ter clareza quanto à sua postura, seguir uma abordagem e não uma "colcha de retalhos" teóricos, elaborar os próprios conflitos, seus "lutos", desvelar sua infância, enfim, seus "pontos cegos", para que esteja o mais próximo possível de si, de seu ser verdadeiro, e assim, se disponibilizar para o encontro com o outro.

Diz Miller (1997, p. 52) "De um terapeuta precisamos honestidade, respeito, empatia, compreensão e sua capacidade em resolver seus próprios sentimentos e não nos molestar com eles". Logo, um psicoterapeuta precisa cuidar primeiro, e sempre, de si, antes de se oferecer como acompanhante de viagem no processo psicoterápico. Ser para o outro Ser. Este é um desafio constante, o qual deve ser incansavelmente enfrentado, pois um psicoterapeuta também sente, sofre e pode adoecer porque ele é um ser humano e está inserido no mesmo mundo "adoecedor" em que estão seus pacientes. Entrar numa viagem que é do outro, mas fundamentado teoricamente, para se sentir seguro e se perceber livre, presente. A psicoterapia tem um caráter libertador para o paciente. Mas não poderá ser aprisionamento do psicoterapeuta.

Referências

CARDELLA, B.H.P. *De Volta Para Casa*. São Paulo: Foca, 2017.

CARDOSO, C. L. *Fenomenologia e Psicologia Clínica*. Belo Horizonte: Artesã, 2018.

CYTRYNOWICZ, M.B. *Criança e Infância*. São Paulo: Chiado, 2018.

FRANKL. Vitor E. *Questão do Sentido em Psicoterapia*. São Paulo: Papirus,1990.

FRAZÃO, L.M.; FUKUMITSU, K. O. *Gestalt Terapia*. São Paulo: Summus, 2013.

HICNER, R. *De Pessoa a Pessoa*. São Paulo: Summus,1995.

GINGER, S.; GINGER, A. *Gestalt: Uma Terapia de Contato*. São Paulo: Summus,1995.

KARNAL, Leandro. *O Dilema do Porco Espinho*. São Paulo: Editora Planeta do Brasil, 2018.

MILLER, A. *O Drama da Criança Bem Dotada*. São Paulo: Summus, 1997.

OLIVEIRA SOBRINHO, ISMAEL Gomes D. *Depressão*. Belo Horizonte: Editora integralmente, 2016.

PERLS, Frederick & HEFFERLINE, Ralf. *Gestalt Terapia*. Trad. Fernando Ribeiro. São Paulo: Summus,19977

RIBEIRO, W.F.R. *Existência/Essência*. São Paulo: Summus,1998

RODRIGUES, Joelson Tavares. *Terror, Medo, Pânico*. Rio de Janeiro. 7 Letras. 2006.

SILVA, A. B.B. *Mentes Ansiosas*. Rio de Janeiro: Objetiva, 2011.

ZUBEN, NEWTON A. VON. *Martim Buber*. São Paulo: Edusc, 2003

Sofrimento humano e cuidados terapêuticos
A corporeidade vivida em situações de perda de filhos: a negação da dor

Maria Madalena Magnabosco

Dedico este texto às mulheres que vivenciaram dores diante da perda de filhos em fertilizações in vitro, bem como aquelas que tiveram suas gestações interrompidas.

Introdução

Este capítulo surgiu mediante o desejo de partilhar vivências de uma corporeidade, com mulheres atendidas na clínica, cuja demanda é a dificuldade de compreensão da dor quando em perda de filhos ao se submeterem a tratamentos de fertilização *in vitro*, bem como as que perderam filhos no processo gestacional.

Em diversos casos clínicos surge a negação da dor pelo insucesso da fertilização, o qual é tratado no âmbito médico apenas como um resultado não otimizante do tratamento realizado. Diante de um resultado não satisfatório, as mulheres sentem a dor da não gestação como um luto por um filho não concebido. Entretanto, nos âmbitos médicos e reprodutivos, esse luto não é considerado dado à importância fundada no processo biológico reprodutivo e nas condições fisiológicas dos óvulos coletados e armazenados para o implante.

Nesse processo, o que chama a atenção é a negação da dor da mulher que não concebe ou não leva adiante a gravidez tão desejada. Os sentimentos de perda, dor, culpa, incapacidade, enfim, a indigência do corpo vivido não é considerada e, muitas vezes, essas mulheres são encaminhadas para psiquiatras com um diagnóstico de depressão, o qual, muitas vezes, trata o corpo biológico alterado pela quantidade de hormônios ingeridos e aplicados e desconsidera as vivências de um corpo que sente a dor de não gerar, ou de gerar e perder o filho tão ansiado.

A negação de um luto, de uma dor silenciada em nome de um procedimento hormonal e fisiológico, que não cumpriu seu destino, impede essas mulheres do reconhecimento de suas vivências corporais e, pela otimização ou não de resultados fisiológicos, essa dor passa a ser escondida e negada. Mediante essa negação, a mulher entra em processos de adoecimento, em que o foco maior é buscar uma confirmação sobre o que se sente. Sentir esse que é constantemente questionado sobre ser ou não justificável, sendo vista a dor da perda como um sentimento "normal", nesse processo, que é concebido como meramente biológico-hormonal. O objetivo deste capítulo é acolher e compreender este processo.

Para tanto, iniciarei contextualizando a concepção de corpo na sociedade contemporânea neoliberal. Em um segundo momento, contextualizarei a corporeidade na perspectiva fenomenológico existencial, para, em seguida, trazer os momentos de significados e embates das dores vivenciadas e, no último tópico, situar como a psicoterapia fenomenológico existencial pode acolher essas mulheres.

Contextualizando o cenário e o corpo contemporâneo

No livro *Psicopolítica – O neoliberalismo e as novas técnicas de poder*, Byung-Chul Han (2018), no capítulo *A cura como assassinato*, coloca como o corpo vivido tem se tornado um lugar de explorações refinadas por meio da otimização corporal.

Segundo o autor, este é um dos imperativos do sistema neoliberal, cujo objetivo é um funcionamento perfeito do sistema, de tal forma que bloqueios, dores e debilidades "devem ser removidos terapeuticamente para melhorar a eficiência e o desempenho" (p. 45). Esta ideologia neoliberal tem se tornado uma nova forma de subjetivação, onde o "eu luta mais contra si mesmo como se lutasse contra um inimigo" (2018, p. 46).

O objetivo desta luta é uma imposição à positividade, a qual nega e, ao mesmo tempo, explora a dor, a qual é tolerada apenas em favor da otimização. Sem o recurso da dor, a vida se atrofia, pois "uma vida que fosse constituída unicamente de emoções positivas e experiências máximas não seria humana" (2018, p. 47).

Como sujeito de rendimento e desempenho, eliminar a dor, como experiência vivida que gera uma tensão para uma consciência da condição humana, e otimizá-la para conseguir resultados, é o modo de transformar a "cura em assassinato", como nos diz Byung (2018).

Este é o cenário que tem transformado o corpo vivido em corpo máquina, o qual deve se manter ativo e producente a ponto de negar-se em seus próprios limites. Para dar subsídios ao corpo máquina, a indústria farmacêutica tem investido cada vez mais no que Le Breton denominou de uma produção farmacológica de si.

A produção farmacológica de si – aborda a busca da regulação do humor através do uso de psicotrópicos. Esse movimento pauta-se por uma tentativa de maior adequação à realidade social, como forma de evitar os conflitos que lhe são inerentes. Outro elemento importante da regulação do humor é o tempo, uma vez que se procura chegar ao estado desejado num dado espaço de tempo, geralmente curto, bem menor do que o que seria necessário para atingi-lo naturalmente, sem intervenções. Essa regulação tem como pressuposto a tentativa de estabelecer uma base estável para lidar com as turbulências do mundo, aliviando assim o esforço de viver, evitando as situações problemáticas, conflituosas da vida. Como emblema dessa corrida temos o Prozac, a droga da felicidade, que simula características desejáveis, o que possibilita uma produção ampla de si indo do corpo ao humor, ao modo de agir, permitindo "não sermos mais nós mesmos para sermos finalmente nós mesmos" (LE BRETON. *Adeus ao corpo*: antropologia e sociedade. 2003, p. 64).

Por meio do uso de psicotrópicos, a dor não mais é considerada como constitutiva para a experiência humana. Sem esta constitutividade, o espírito humano vem perdendo a tensão que cultiva a busca pelo sentido da vida.
Nas palavras de Nietzsche:

> A tensão da alma na infelicidade, que lhe cultiva a força (...), sua inventividade e valentia no suportar, persistir, interpretar, utilizar a desventura, e o que só então lhe foi dado de mistério, profundidade, espírito, máscara, astúcia, grandeza – não lhe foi dado em meio ao sofrimento, sob a disciplina do grande sofrimento? (2003, p. 131)

Destituído da experiência da dor, anestesiado na consciência de sua coexistência, diagnosticado por profissionais que buscam a excelência do desempenho como forma de não romper o movimento otimizante do rendimento, como o homem tem vivido a experiência de ser um corpo? Neste cenário, o corpo é apenas um corpo refletido e sem uma singularidade que o diferencie dos demais. A terminologia corpo refletido é de Arthur W. Frank, no livro *A Sociologia do corpo*:

> O corpo refletido permanece previsível, mas por diferentes razões do corpo disciplinado. Este é bem sucedido (sic) previsivelmente através da prática de seu regime. O corpo refletido será previsível na medida em que refletir o que está ao seu redor. O meio do corpo refletido é o consumo; baseado no consumo, o corpo torna-se tão previsível quanto os objetos disponíveis para ele. (FRANK, 1996, p. 61. Tradução própria).

Neste sentido, o corpo refletido é apenas voltado para o exterior, tendo uma relação monádica com o mundo, pois seus objetivos se constituem em si mesmo e em seu bom funcionamento e aparência.

Em outras palavras, o corpo refletido é um corpo que nega a constituição básica do homem, o qual é ser-no-mundo-de-relações-com-o-outro. Ao estabelecer uma relação monádica, excluí o outro, a negatividade, a possibilidade de tensão para que possa ser um corpo. Esta relação torna o ser fraturado, um rascunho de si. Como rascunho de si, o corpo é um objeto imperfeito a ser constantemente corrigido, principalmente por meio da negação e da eliminação da dor.

Esta contextualização não pretende dar conta da problemática da dor. Há apenas a intenção de destacar alguns pressupostos que regem o modo de estabelecer relações na contemporaneidade, a ponto do sentido não estar presente.

O cuidar da dor tem se realizado via medicamentos, e simbolicamente tem-se constituído mais em um atrapalho do que em um significado para quem a vivencia.

Neste contexto, como estar atento ao que não é perceptível de imediato, ou seja, qual o significado da dor para quem a sente? Como pensá-lo na teia das relações sociais, nas quais se inscreve a realidade da pessoa, incluindo nesta realidade o profissional sobre quem é depositada toda a expectativa de alívio e de tornar a dor suportável?

Do pouco que se pode saber sobre a dor, sabemos que nela se revela, simultaneamente, a singularidade do sujeito, sua dor, a particularidade da cultura, na qual se manifesta, e a universalidade da condição humana, impossibilitada de fugir de sua realidade implacável.

Situando a corporeidade e a dor na perspectiva fenomenológico existencial

Na perspectiva fenomenológico existencial, a corporeidade é uma condição humana pautada na indigência e na potência de ser do homem.

Falar em corporeidade não é referir-se ao fato do homem ter um corpo, ao fato de dizer que há uma experiência subjetiva de corpo. e nem que o homem é composto de psiquismo e corpo. O ser-aí se estrutura como ser-no-mundo e a corporeidade é um caráter constitutivo da existência. Existir é "ser-corporalmente-no-mundo-junto-às-coisas--com-os-outros".

É nesse sentido que o ser corporal de Dasein nos conta que existir é ao mesmo tempo indigência e potência de ser. Segundo João Augusto Pompeia/Sapienza:

por ser corporal e por sua corporeidade ser exatamente como é, é um ente que muda e produz mudanças, e isto pode significar tanto indigência como potência. Estar submetido a mudanças pressupõe não poder reter nada como posse, implica falta, perda, todos os ainda não posso, todos os já não posso mais – e isso significa indigência (2011, p. 81).

A indigência se manifesta em diferentes modos de experiência como: experiência de pequenez, experiência da necessidade, experiência de limitação, experiência de sentir algo como pesado para nós e experiência da dor.

A experiência da dor será aqui refletida, principalmente em função de um fenômeno presente na sociedade contemporânea: a fertilização *in vitro* e o modo como, nesse contexto de produção e implantes de embriões, a dor da perda de filhos não é considerada pelos profissionais, por ser concebida apenas como uma não aderência do óvulo fertilizado nas paredes do útero.

Seguindo as reflexões de Augusto Pompéia (2011, p. 85), a dor é uma sensação indizível que se inaugura colada à condição corporal. Ela não se limita ao corpo, ela pertence à existência. Quando ela chega, surge como algo sem sentido e traz a sensação de vazio, de falta. Uma dor nem sempre pode ser eliminada e, às vezes, nem mesmo diminuída.

Nas palavras de Le Breton:

> a dor não é meramente sensorial, inscrita na fisiologia e isenta da dimensão afetiva. Não há dor sem sofrimento, sendo ela sentida e percebida por aquele que a sofre. A dor está no cerne da relação do indivíduo com o mundo e de sua experiência acumulada com ele, ultrapassando, portanto, as configurações do signo clínico, postas pela medicina. Penetra as experiências pessoais prenhes de

significação, interpretação e explicação, sempre mediadas pela cultura, pelas relações sociais e subjetividade. (COMUNICAÇÃO, SAÚDE, EDUCAÇÃO, v.15, n.37, p. 613-6, abr./jun. 2011).

Em uma cultura que silencia o luto da perda de filhos no contexto da fertilização *in vitro*, transforma, muitas vezes, a dor em uma impossibilidade de diminuição, pois a dor não pode ser transformada em motivações de sentido quando na condição de não ser considerada e mesmo de ser escondida. Segundo Le Breton (2011),

> a experiência da dor vem como ameaça ao sentimento de identidade; como possessão corrosiva do indivíduo; como alteração da relação do homem com a totalidade do mundo e com o seu corpo; como interferência no jogo do desejo e no laço social, criando o sentimento de infortúnio para quem a sofre e um estado de graça para quem se livra dela. A cultura oferece, a cada sociedade e aos grupos sociais, as explicações sobre a causalidade da dor, assim como os meios simbólicos e práticos de combatê-la. Fornece, ainda, as experiências acumuladas e as expectativas sobre o sofrimento habitual a cada tipo de situação. (COMUNICAÇÃO, SAÚDE, EDUCAÇÃO, v.15, n.37, p. 615, abr./jun. 2011).

Cada sociedade humana integra a dor na sua própria visão de mundo, conferindo-lhe um sentido, um valor. Isso faz das sensações do corpo a realidade mutável de uma cultura a outra, cuja fisiologia não se explica exclusivamente como uma ilha biológica virgem, mas também num contexto histórico e cultural preciso. Assim,

> Descrever o que seja a dor, ou como seja uma dor, é na maior parte dos casos muito complexo; ora falta o vocabulário, ora faltam possíveis termos de

referência, e é sempre impossível indicar a dor ostensivamente a quem nos escuta (Buytendijk 1951; Le Breton 1995). Não é, de qualquer modo, um simples problema terminológico; a própria experiência da dor isola do resto do mundo quem a padece (desse isolamento a literatura deu conta melhor que a medicina ou a filosofia). (Ilha Florianópolis, n.0, outubro de 1999. p. 57-72).

No contexto médico cultural de anestesiamento da dor pela desconsideração do significado da perda de filhos por não fecundação, como a indigência vivenciada por meio da experiência da dor pode se expressar?

Momentos da significação da dor e seus embates

Nesses momentos de negação da vivência, em função da ideologia da performance otimista, há muita dor e sofrimento, mas também há um embate pessoal, em que entram em jogo questões primárias da vida e da morte, da razão e desrazão, do corpo e das paixões, da identidade e da diferença, da voz e do silêncio, do poder e da existência e da espiritualidade.

Um primeiro momento vivenciado na indigência da negação do vivido é uma ulceração, em que o corpo se torna incômodo para as pessoas e para a própria pessoa e demais que a circundam. Nessas horas de dor ulcerada, de súplica por algum amparo, o sujeito da experiência se dá conta que sua demanda não é ouvida. O melhor é não incomodar, pois, afinal de contas, o filho nem nasceu. Ele apenas não desenvolveu e sua inexistência física é a prova maior de que não se deve investir nessa dor e no luto de uma perda, porque isso não otimizará o processo a seguir e pode até prejudicar uma outra tentativa de engravidar.

Essa ulceração do e no corpo pode ser considerada um espaço-tempo dilacerado pelo exercício do poder neoliberal individualista e seus dispositivos pseudolegais, referenciados pelos médicos e pela sociedade como um caso de pouca importância, em que a dor surge como uma autocomiseração daqueles que requisitam a atenção dos que se ocupam com grandes projetos e cuidam de grandes casos clínicos. É o corpo vivido diante de uma perda confrontando o corpo político e social, e se tornando o lugar onde se inscrevem memórias feridas.

A negação da dor da morte de filhos pode ser uma metáfora para expressar o desejo daqueles que se sentiram incomodados em seus projetos, da necessidade de esquecimento desses sujeitos enfermos e suas memórias feridas.

Pelo esquecimento – que aterroriza o corpo vivido ao ser incompreendido em sua linguagem – surge uma fenda, uma possibilidade que, talvez, permita uma nova leitura. Tal fenda poderá ser percebida pela força de negação da cultura da anestesia com relação à pessoa que atravessa a ulceração, que sente o rompimento com o que lhe alimentava a alma pela suposta pertença e identificação com pessoas, lugares, valores, língua e imagens. Essa negação oprime e, ao mesmo tempo, pode abrir espaço para essa mesma pessoa ser, ao menos, tratado como um "caso clínico", como um diagnóstico de depressão.

Na posição de ser tratada como um "caso", a pessoa, ao mesmo tempo abruma, mas também se sente acolhida, tem a possibilidade de iniciar contornos sobre novos limites; pelo menos ao, inicialmente, ser reconhecida como um "caso" para depois, quem sabe, individuar-se pela história de outras memórias. Ela, marginalmente, tem direito a participar do que foi negado e, por essa participação, mesmo sendo mediante o reconhecimento de si como um "caso clínico de depressão", vislumbra bálsamos para a ulceração inicial.

Essa é a força da cultura da anestesia, em nome da otimização, se fazendo presente na vivência de negação, produzindo um pedido de inclusão em que a pessoa seja, pelo menos, colocada dentro dos ditames legais de uma medicina psiquiátrica e aceite a condição de doente. Essa postura pode iniciar outra forma de se olhar, ou seja, pode resgatar uma memória de si como singular, e não meramente massificada pelo codinome de doente. É o incluir excluindo, coexistindo para o início de novas reflexividades. É a pessoa saindo de grupos e coletividades em que o tratamento é realizado de forma homogênea, para receber alguma condescendência de singularidade, até conseguir por esse incluir-excluir, uma reinserção crítica, um poder ser onde poderá voltar a si como outro.

A partir dessa reinserção diagnóstica, podemos perceber o movimento no qual o exterior força o interior, e este também o força, transformando-o, mesmo que no início seja de modo paliativo; mesmo que seja por um desencargo de consciência por parte da Medicina, a qual dá esperanças de uma nova direção, sob a forma de indicação para outro tratamento ou profissional, sob a forma de algum diagnóstico que dificultou o procedimento. Por mais que ainda seja um saber institucional de classificação de doença sobre o outro, nesse momento inicial, esse saber vindo do médico é importante para situar no dentro-fora o que é pura perplexidade para quem está prestes a perder as referências diante do vivido.

Aliás, esse é o grande terror para quem se encontra nas exclusões anestesiantes: perder as referências, perder-se em mundos, línguas, territórios, costumes, tempos e espaços irreconhecíveis.

Após viver a angústia dos irreconhecíveis, de buscar no outro alguma orientação para se situar, para ser nomeado e identificado, a pessoa que não tem reconhecimento de sua dor percebe que esse movimento é ilusório, ou seja, o exterior a obriga contar com si próprio para não se perder de vez, para manter alguma referência própria, por mais que ela seja vacilante e instável, dependente ainda de tradutores até a construção de uma maior autonomia.

Na hostilidade desse espaço-tempo, a política da negação se torna a de propor uma superação para a dicotomia vivida entre o antes e o agora de si mesmo. Assim, ela busca intervir inicialmente pela aceitação de uma designação de doente, de enfermo, depois pela decepção de não ser aceito e de não poder participar das ilusórias orientações ou ajudas que lhe foram prometidas, para finalmente se perceber realmente um excluído, o qual necessita de reaprender a olhar e a olhar-se.

A enfermidade inicial da pessoa que não tem sua dor reconhecida é, portanto, este estado liminar, ou seja, em meio, nem um nem outro, onde se oscila constantemente entre o dentro-fora, sendo pura transição, mutante em processos de outras aprendizagens.

Aprendizagens onde deverão(riam) começar outras presenças pelo reconhecimento das cicatrizes do corpo, da alma, as quais assinalam rigorosa precisão e implacável memória de feridas, sem, entretanto, transformá-las apenas em dor, mas em novas possibilidades(?) de ser "nas fronteiras".

Essas experiências de negação do vivido e a tentativa de reconhecimento – pela designação em ser considerado pelo menos um "caso clínico" – constituem-se em tentativas de outras problematizações por parte das pessoas que não estão dentro da ordem anestesiante do corpo. Em situações deste porte, elas não estão nessas posições como vítimas,

mas como subjetividades que, ao mesmo tempo, denunciam e tentam compreender as questões espinhosas com as quais se defronta a humanidade: uma miséria humana agonizante.

Uma das agonias é a morte de uma massificação uniformizada para tempos em que as fragmentações e descontinuidades de sentidos não podem mais ser percebidas e tratadas como doenças, desajustes e loucuras, mas como novos processos socioculturais e políticos que, apesar de serem germens de novas críticas, ainda vão se fazer ouvir como alteridades. E, por serem passagens, ainda vão oscilar entre o institucionalizado e o que ainda não tem nome (não ter nome é a violência da exclusão, pois o nome nos qualifica como pessoas).

Fundamentando o conceito de violência da exclusão, podemos dizer que a violência da negação do corpo vivido é um sofrimento pessoal, psicossocial e ético-político, o qual abrange as múltiplas afecções do corpo e da alma, que mutilam a vida das mulheres de diferentes formas.

Ao nos afastarmos das questões públicas que constituem o mundo e excluirmos o diverso pelo valorar do individualismo performático, torna-se necessário repensarmos as concepções de saúde e doença utilizadas por um pensamento hegemônico médico-psicológico, em que as mutações e a liminaridade não têm sido tratadas como formas de participação da pessoa no processo de reconstrução de sua vida, de seus sentidos e identidade. A consequência desse pensamento hegemônico médico-psicológico é a produção da vivência de desamparo.

Sentir-se desamparado, sem a mediação de um simbólico entre-relacional, que sustente o sentido de existência, é um sofrimento físico-psíquico que não se adquire ou se livra dele em bloco, de forma homogênea. O desamparo é um processo complexo, configurado nas confluências entre pensar, sentir, agir e "as determinações sociais mediadas pela raça, classe, idade e gênero, num movimento dialético entre a morte emocional e a exaltação revolucionária" (SAWAIA, 2004, p. 111) Estar em desamparo é uma forma de violência psicológica pouco considerada entre nós, dado a banalidade com que ocorre em nosso cotidiano. Essa banalidade acontece pela "normalidade" da interdição a interdependências e a vínculos que restabeleçam o simbólico partilhado da existência, mediado por relações e linguagens que comuniquem semelhanças, que preencham o vazio e construam compreensões do vivido. Essa interdição tem gerado uma das grandes violências psicológicas da atualidade.

Tal violência é intensificada quando:

> [...] o social não consegue oferecer possibilidades de convívio das diferenças, instaurando uma busca solitária pelo prazer, sendo que o meu prazer tem que se sobrepor ao seu. O outro se torna o objeto onde usufruirei de meu prazer. É nessa desenfreada procura que a violência corporifica-se. Esta violência tem características efetivamente nazistas, pois é sempre a pretensão de ser melhor que o outro e de funcionar como um predador do corpo do outro para usufruto do seu gozo que delineia a cena imaginária do sujeito. (RUIZ; MATTIOLLI, 2004, p. 119).

Assim, a violência psicológica aparece sob a forma de negligência afetiva, ou seja, um desinteresse pelo outro, e de rejeição afetiva, pelo abuso de críticas, depreciações e agressividade contra o outro. Outro que incomoda as zonas de conforto das racionalidades otimizadoras neoliberais. Diante de tais incômodos, o que acontece é o encontro com os exatos contornos desse sistema de exclusão, o qual é o fundamento para a manutenção do corpo, da máquina e seus desempenhos.

A violência psicológica dos exatos contornos, principalmente quando se buscam outros contornos, somente poderá ser repensada e trabalhada, sair do papel para se tornar viva, quando perdermos o medo das sutilezas, o medo de partilhar o sensível e significar o outro pela palavra nova, cuja grandeza reside em estar onde as palavras, já gastas, ainda não tocaram.

A clínica fenomenológico existencial e seu acolhimento

Uma das necessidades do humano é ser compreendido. É isso o que o cliente busca na Psicoterapia, quando diante de vivências de perdas na gestação, por não ser capaz de compreender a si mesmo. Não ser compreendido não é propício para nossa expressão e para o nosso ir sendo. E compreender não é evitar percepções negativas do outro. O que não ajuda o cliente é uma percepção enviesada, já formada por dados anteriores, os quais deformam e não levam a um reconhecimento de ser real. O trabalho terapêutico não comporta casos classificáveis em que um problema colocado é sempre causado pelo mesmo fator.

Segundo Roberto Gambini (2008), o sofrimento em um atendimento psicoterápico expresso pela manifestação, por exemplo, de um desamparo e solidão psicológica "é um não merecer que outra pessoa faça o esforço de nos conhecer" (p. 185). Quando sentimos que alguém nos (re)conhece, podemos ser mais; e sendo mais, passamos a nos conhecer.

Ainda citando Gambini,

> Sustento enfaticamente a ideia de que o âmago da questão é uma busca do conhecimento do ser, da sua dor e da sua "lógica". E tanto podemos pensar que a alma só pode ser conhecida inicialmente no

seu estado de dor, como igualmente poderíamos conceber que o ser, sendo mais amplo que ela, tem o mesmo desejo de ser conhecido. ... A biografia, portanto, é apenas um organizador de dados segundo uma linha cronológica, algo que uma pessoa quer contar de si, mas no fundo não é uma biografia literarizada que ela quer contar. Ela quer contar outra coisa, e como não sabe como fazê-lo, conta como biografia, como sua história. (2008, p. 192)

Contar a própria história é um modo de falar não da coisa, mas da "sobre-coisa". Esse é um termo cunhado por João Guimarães Rosa, em Grande Sertão Veredas (1986), quando o personagem Riobaldo vai iniciar sua narrativa. Narrar para alguém é um modo de ser conhecido e de se (re) conhecer na intrincada rede que é o viver. "Contar seguido e alinhavado só mesmo coisas de rasa importância" (ROSA, 1985, p. 154). Assim, conta-se para se compreender o sentido da própria travessia. Sentido esse que só será possível diante o acolhimento de uma corporeidade vivida, a qual nos diz dos desejos, projetos, investimentos, frustrações, decepções, dores próprias a qualquer humano que vive na travessia das tensões fundantes da existência.

Acolher essa dor no encontro terapêutico é uma das condições necessárias para o início de um reconhecimento de si como corpo vivido, como possibilidade de significar e ressignificar a dor, a qual requer um tempo de elaboração que não será da ordem do imediato Chronos, mas antes de Kairós.

Desconsiderar Kairós, o tempo vivido, é alimentar a psicofarmacologia de si, a qual replica o corpo refletido da otimização de resultados, em que a dor é indesejável por nos colocar diante nossa própria indigência e consequente consciência de nossa finita corporeidade.

Atender mulheres que se submeteram a tratamentos hormonais para fertilização é nos colocarmos no Kairós, no tempo vivido de um corpo que não é meramente biológico e fisiológico, mas antes, de um corpo que presencia, sente e pode experienciar o vivido, não como incapacidade de geração, mas como a possibilidade de significar e encontrar suportes para outros sentidos de vida, que não os meramente otimizadores de resultados afirmativos de um corpo máquina ou de um corpo refletido.

Resgatar o corpo vivido a partir das experiências com a perda, o luto e os embates para uma significação da dor é o objetivo maior do acolhimento da clínica existencial, de modo que a mulher se sinta habitando um corpo e não sendo a otimização ou não de um resultado fisiobiológico.

Referências

BUYTENDIJK 1951. LE BRETON 1995. ILHA Florianópolis, n.0, outubro de 1999. p. 57-72.

HAN, Byung-Chul. *Psicopolítica* – O neoliberalismo e as novas técnicas de poder. BH: Editora Aynê, 2018.

FRANK, Arthur W. For a sociology of the body: an analytical review. London, 1996.

GAMBINI, Roberto. *A voz e o tempo*. SP: Atelie Editorial, 2008.

LE BRETON In: COMUNICAÇÃO, SAÚDE, EDUCAÇÃO v.15, n.37, p. 613-6, abr./jun. 2011.

LE BRETON. David. *Adeus ao corpo*: antropologia e sociedade. Campinas: Papiros, 2003. p. 64.

NIETZSCHE, F. Além do bem e do mal: prelúdio a uma filosofia do futuro. SP: Cia das Letras, 2003

POMPÉIA, J. Augusto; SAPIENZA, Bilet. *Os dois nascimentos do homem*. RJ: Via Veritas, 2011.

ROSA, Guimarães. *Grande sertão*: veredas. São Paulo: Nova Fronteira, 1986.

RUIZ, Josiane; MATTIOLI, Olga. Violência Psicológica e Violência Doméstica. In: MATTIOLI / ARAÚJO (Orgs.). Gênero e violência. São Paulo: Unesp; Arte e Ciência Editora, 2004.

SAWAIA, Baden Burihan. O sofrimento ético-político como categoria de análise da dialética exclusão/inclusão. IN: SAWAIA, Baden Burihan. *As artimanhas da exclusão*. Petrópolis: Vozes, 2004.

Os autores

Claudia Lins

Doutora em Psicologia Clínica pela Pontifícia Universidade Católica do Rio de Janeiro. Mestre em Psicologia Social pela Universidade Gama Filho. Professora Associada do Departamento de Psicologia da Faculdade de Filosofia e Ciências Humanas da Universidade Federal de Minas Gerais (UFMG). Coordenadora do Curso de Especialização em Psicologia Clínica Gestalt-terapia e Análise Existencial (UFMG). Vice-diretora do Serviço de Psicologia Aplicada da FAFICH-UFMG. Psicóloga Clínica. Gestalt-terapeuta.

José Paulo Giovanetti

Graduado em Filosofia pela Faculdade de Filosofia Nossa Senhora Medianeira (1974). Graduado em Psicologia pela Universidade Federal de Minas Gerais (1981). Especialista em Filosofia pela Universidade Federal do Rio de Janeiro (1975). Mestre (1983), Doutor (1986) e Pós-doutor (1991) em Psicologia pela Université Catholique de Louvain. Docente aposentado da UFMG. Docente Titular da Faje (Faculdade dos Jesuítas). Membro da ALPE (Associação Latino americana de Psicologia Existencial). Autor de numerosos artigos em várias revistas especializadas e dos livros *Psicoterapia fenomenológico-existencial: fundamentos filosófico-antropológicos* e *Psicoterapia antropológica. As contribuições de Binswanger e Gendlin.*

Jorge Ribeiro Ponciano

Graduado em Filosofia e em Teologia. Doutror em Psicologia pela Pontifícia Universidade Salesiana de Roma/ Itália. Docente Titular Emérito da Universidade de Brasília/DF e da Universidade Estadual de Montes Claros/MG. Dois Pós-doutorados na Inglaterra. Psicólogo Clínico e Gestalt-terapeuta. Autor de 12 livros e de diversos artigos e capítulos de livros publicados no Brasil e no exterior. Fundador e Presidente do Instituto de Gestalt-terapia de Brasília/DF. Charter Member do The International Gestalt Therapy Association.

Maria Alice Queiroz de Brito (Lika Queiroz)

Gestalt-terapeuta. Mestre em Psicologia Social (UFBA). Especialista em Psicologia Clínica (CFP). Pós-Graduada em *Lato Sensu* em Psicologia da Personalidade e do Desenvolvimento (UFRJ). Docente e Supervisora do Instituto de Psicologia da Universidade Federal da Bahia. Fundadora e Diretora do Instituto de Gestalt-terapia do Estado da Bahia. Docente de cursos de Pós-Graduação e formação em Gestalt-terapia em vários Institutos do Brasil. Criadora da metodologia Reconfiguração do Campo Familiar: um enfoque gestáltico transgeracional. Apresenta capítulos publicados nos livros: *Catálogo de Abordagens Terapêuticas*; *Dicionário de Gestalt-terapia*; *Questões do Humano na Contemporaneidade*; *A Clínica, a Relação Terapêutica e o Manejo em Gestalt-terapia*. Ministra cursos de formação em Psicoterapia Breve na

Abordagem Gestáltica: A *Caixa de Areia,* como Proposta de Experimento em Gestalt-terapia, Trabalhando Metáforas em Gestalt-terapia, Trabalhando o Corpo em Gestalt-terapia, entre outros. Vice-presidente da Associação Brasileira de Gestalt-terapia. Membro da equipe do trabalho *Curando a Criança Ferida dentro de Nós.* Membro do Colégio Internacional de Terapeutas.

Maria Madalena Magnabosco
Graduada em Psicologia (Licenciatura, Bacharelado e Formação de Psicólogo) pela Universidade Federal de Minas Gerais (1983). Formação e Especialização em Psicologia Clínica (SID APA – BH – 1983 a 1993). Especialista em Psicopedagogia (1994 – Cepemg). Especialista em Ensino a Distância (2009 – Uniube). Mestre em Estudos Literários pela Universidade Federal de Minas Gerais (1998). Doutora em Literatura Comparada pela Universidade Federal de Minas Gerais (2002). Pós-Doutora em Estudos Culturais pelo PACC – UFRJ (2007). Docente na Faculdade Fumec (Curso Psicologia). Docente do curso de Pós-Graduação em Análise Existencial e Gestáltica (UFMG – Belo Horizonte). Psicologia Clínica (Abordagem Fenomenológico-Existencial – desde 1983). Coordenadora do Núcleo ABRAPSO de Belo Horizonte – Gestão 2015. Membro da Associação Latino americana de Psicoterapia Existencial.

Paulo Eduardo Rodrigues Alves Evangelista
Docente do Departamento de Psicologia da Universidade Federal de Minas Gerais (UFMG), do Programa de Pós-Graduação em Psicologia e do Curso de Especialização em Psicologia Clínica (Pós *lato sensu*) na mesma Universidade. Doutor em Psicologia Escolar e do Desenvolvimento Humano pela USP. Mestre em

Filosofia, com Graduação em Psicologia pela PUC-SP. Experiência na área de Psicologia Clínica, com ênfase em Psicologia Fenomenológico-existencial e *Daseinsanalyse*. Atua como Psicoterapeuta desde 2002. Supervisor Clínico desde 2005. Pesquisa Fenomenologia Existencial, *Daseinsanalyse*, Psicoterapia e Psicopatologia Fenomenológicas e Plantão Psicológico.

Saleth Salles Horta

Psicóloga clínica pela PUC-MG (1978). Especialista em Psicologia Clínica Fenomenológica Existencial, pela PUC-MG (1998). Docente do Curso de Especialização em Psicologia Clínica, da UFMG. Atende em consultório particular desde 1978.

Este livro foi composto com tipografia Minion
e impresso em papel Offset 90g. na Gráfica Idealiza.